예스 7,

자유의 다리

KB192351

예스 7, 자유의 다리

발행일   2018년 3월 15일

지은이   임 동 훈
펴낸이   손 형 국
펴낸곳   (주)북랩
편집인   선일영   편집   권혁신, 오경진, 최예은, 오세은
디자인   이현수, 김민하, 한수희, 김윤주   제작   박기성, 황동현, 구성우, 정성배
마케팅   김회란, 박진관, 최승헌
출판등록   2004. 12. 1(제2012-000051호)
주소   서울시 금천구 가산디지털 1로 168, 우림라이온스밸리 B동 B113, 114호
홈페이지   www.book.co.kr
전화번호   (02)2026-5777   팩스   (02)2026-5747

ISBN   979-11-6299-011-7 04230(종이책)   979-11-6299-012-4 05230(전자책)
          979-11-5987-557-1 04230(세트)

이 도서의 국립중앙도서관 출판예정도서목록(CIP)은 서지정보유통지원시스템 홈페이지(http://seoji.nl.go.kr)와
국가자료공동목록시스템(http://www.nl.go.kr/kolisnet)에서 이용하실 수 있습니다.

예스 7,

자유의 다리

임동훈 지음

북랩 book Lab

글머리에

이제 예수나라 옴니버스 7번째 여행을 하면서『예스 7, 자유의 다리』를 지나고 있다. 그리고『예스 8, 평화의 노래』,『예스 9, 기쁨의 향연』,『예스 10, 별들의 고향』까지 이어질 것이다.

민주주의 사회에서 자유는 절대적 가치를 지니고 있으며 독보적 위치를 점하고 있다. 신체의 자유, 언론과 출판의 자유, 신앙과 양심의 자유 등은 필수불가결의 요소이며, 헌법에 기록되지 않았다는 이유로 경시되지도 않는다.

하지만 한국은 1961년 5.16쿠데타, 1979년 12.12 군사반란 등으로 자유를 크게 침해받고 인권이 심각하게 유린당함으로써 숱한 사람이 어려움을 겪었다.

자유의 가치는 목숨과도 바꿀 수 없을 정도로 너무나 소중하다. 그래서 미국의 독립운동가 패트릭 헨리(Patrick Henry, 1736~1799)는 이렇게 말했다.

"자유가 아니면 죽음을 달라!"

하지만 오늘날 자본주의는 자유로운 경제 활동을 보장하다가 빈익빈 부익부라는 사회적 불평등을 초래하였고, 사회주의는 평등한 분배를 강조하다가 개인의 재산권을 침해하고 경제적 침체를 유발했다.

개인의 자유만 강조하면 무질서한 사회를 초래하고, 사회의 질서만 강조하면 개인의 자유가 침해될 수 있는바, 개인의 자유와 사회의 질서는 동시에 추구하되 어느 정도 통제될 필요가 있다.

사실 개인의 자유는 사회의 질서와 충돌할 수밖에 없다. 고대에는 군주만 자유로웠고 중세엔 귀족만 자유를 누렸다. 이제는 만민이 골고루 자유를 누려야 한다. 특정 집단이나 개인이 향유하는 자유는 속박이지 결코 자유가 아니다.

개인의 정신적, 사회적 자유를 최대한 보장하는 나라를 자유주의 국가라고 부른다. 단순히 간섭과 제약을 받지 않는다고 해서 자유가 아니며, 부귀와 영화를 누린다고 해서 복지가 아니다.

세상이 추구하는 자유는 어느 한쪽의 희생을 요구하거나 그에 따른 대가를 치를 수밖에 없다. 예수님도 '팍스로마나' 시대에 십자가에 달려 돌아가셨다. 평화를 위한 전쟁이나 전쟁을 통한 평화는 폭력이지 평화가 아니다.

그러므로 자유와 평화, 기쁨은 반드시 예수 그리스도 안에서 찾아야 한다. 주님이 주시는 자유는 세상이 주는 자유와 다르다. 모두가 함께 즐거워하고 기뻐하는 것이 자유요, 평화요, 기쁨이다. 그래서 주님이 말씀하셨다.

"진리가 너희를 자유롭게 할 것이다." (요한 8. 32)

예수님을 바로 알고 제대로 믿어 풍성히 누리는 것이 참 자유요, 평화요, 기쁨이다. 가장 안전하고 완전한 자유는 예수 그리스도 안에 있다. 예수를 떠난 자유는 생각할 수 없다. 그래서 주님이 또 말씀하셨다.

"내 평화를 너희에게 주는 것이다. 내가 주는 평화는 세상이 주는 평화와 다르다." (요한 14. 27)

주님을 영접한 그리스도인만이 참 자유와 평화와 기쁨을 누릴 수 있다. 우리는 하나님 앞에서의 자유, 이웃 앞에서의 자유, 나 자신 앞에서의 자유를 추구한다. 아울러 외적 자유보다는 내적 자유를, 육적 자유보다는 영적 자유를 더욱 귀히 여긴다.

여러분에게 보다 풍성한 자유의 영성이 임하기를 빈다.

건전한 교훈은 복되신 하나님의 영광스러운 복음에 맞아야 합니다. 나는 이 복음을 전할 임무를 맡았습니다. (디모데전서 1. 11)

2018. 2. 24

예수나라 청지기

글머리에 / 4

제31편 **고요한 바다** / **11**

1000. 알찬성경 1001. 창문 밖 소리 1002. 옥수수 사건 1003. 기도와 찬양 1004. 이사(1) 1005. 사역 시침질 1006. 태극기 1007. 열기구 1008. 애증의 물결 1009. 나눔의 향기 1010. 마음을 찢고 1011. 큰아들 1012. 사랑하느냐 1013. 영화의 도구 1014. 감사헌금

제32편 **사랑의 온도** / **43**

1015. 불로, 불로, 불로 1016. 소울메이트 1017. 새 출발 1018. 단지 뚜껑 1019. 행복 나누기 1020. 시간 도둑 1021. 선택의 역설 1022. 멘토의 사랑 1023. 꿈속의 찬양 1024. 상처받은 개 1025. 돌부리 발부리 1026. 슬픔의 동지 1027. 생각의 잡초 1028. 순한 닭 1029. 사람의 향기 1030. 목장갑 1031. 인생 교차로 1032. 새로운 역사

제33편 인생 조각보 / 83

1033. 터닝 포인트 1034. 참깨 1035. 미림과 혜림 1036. 희망의 씨앗 1037. 바람 한 조각 1038. 교회 직인 1039. 천의 얼굴 1040. 나드! 나드! 나드! 1041. 복수불반분 1042. 영혼의 상처 1043. 삼무가배 1044. 황촛집 1045. 얼룩진 평화 1046. 통나무 짐 1047. 인생 체크기 1048. 귓속 환약 1049. 새로운 만남 1050. 섬김의 도구

제34편 자유의 함성 / 121

1051. 말 못 할 사정 1052. 거미와 모기 1053. 작은 예수 1054. 믿음의 경주 1055. 지혜의 등불 1056. 안경 1057. 앰프 1058. 주사 1059. 타이어 1060. 점심 1061. 지네 1062. 신발(1) 1063. 사랑 1064. 기생물 1065. 시트콤 인생 1066. 바람결 소리 1067. 도우미 1068. 욕심 1069. 산길 1070. 운전사 1071. 지팡이 1072. 형광펜 1073. 시즌 1074. 열정 에너지 1075. 거룩한 힐러 1076. 성공의 비결 1077. 춘래불사춘 1078. 가파른 계단 1079. 영혼의 정원 1080. 인생 건축가 1081. 새 판 1082. 위험한 우물

제35편 그리움 그림 / 161

1083. 십자가 길 1084. 제삼지대 1085. 맞춰진 창문 1086. 협동이발관 1087. 동전 따먹기 1088. 오, 주여! 1089. 예수처럼 1090. 부족 예산 1091. 같이의 가치 1092. 일석삼조 1093. 학문 성취 1094. 조랑말 1095. 슬럼프 선물 1096. 대기만성 1097. 믿음의 근력 1098. 기다림 그림 1099. 인생 바느질 1100. 그리움 그림 1101. 돼지 가족 1102. 회복의 시간 1103. 하모니 인생 1104. 믿음을 넘어 1105. 이정수와 공명석 1106. 사명자의 길 1107. 돌담의 지혜 1108. 백 년의 향기 1109. 모모의 시간 1110. 직관의 영성

찾아보기 / 205

『예스 1, 휴먼 드라마』
『예스 2, 소망의 불씨』
『예스 3, 밀알의 소명』
『예스 4, 희망의 나래』
『예스 5, 광야의 단비』
『예스 6, 영성의 바다』

제31편

고요한 바다

1000. 알찬성경

공동번역보다 쉽고 자세한 주석까지 병기된 알찬성경으로 공부하고 있었다. 성경책 부피가 커서 늘 펴놓고 보았지만, 글자가 큰 데는 크고 작은 데는 작아서 읽기도 편하고 이해하기도 쉬웠다.

그런데 그 성경 안에 우물이 하나 있었다. 우물은 항상 뚜껑이 닫혀 있었다. 그러던 어느 날 뚜껑이 열려 있어 그 속을 들여다보게 되었다.

우물 속에 많은 물이 고여 있었다. 물의 근원은 좋아 보였으나 오랫동안 쓰지를 않아 썩은 듯했다. 시커먼 물을 바라보는 순간 갑자기 무서운 생각이 들어 얼른 눈길을 돌렸다.

그러자 우물물이 불어나기 시작하였다. 금방 넘칠 듯하였다. 주변을 둘러보았지만, 물이 빠져나갈 구멍은 없었다. 순식간에 물이 넘쳐 성경은 물론, 성경 안에 있는 나까지 수장시킬 듯했다.

어찌할 바를 몰라 우왕좌왕하다가 돌아보니 모든 것이 그대로 있었고 주변은 평온하였다. 부질없는 걱정이었다. 쓸쓸한 웃음을 지으며 다시 성경 속을 들여다보았다. (2008. 7. 17)

1001. 창문 밖 소리

요즘 며칠 동안 계속 우울한 날을 보냈다. 밤잠을 제대로 못 자고 말이 없자 옆에 있던 자매가 어디 아프냐고 물었다. 아무 대꾸도 하지 않고 그저 짜증스럽다는 듯이 뿌리쳤다. 우울증이 다시 도진 것은 아닌지 걱정스러웠다.

'대체 이게 뭔 말인가? 교회를 그만두고 사역을 중단한 지 벌써 2년이 가깝지만, 여전히 할 일은 없고, 기력은 점점 더 쇠약해지고, 속 시원히 되는 일도 없으니. 게다가 동두천시는 법원의 조정 권고에 이의신청하였고, 콘도미니엄회사는 연락이 없고, 상가 건물은 기미도 보이지 않고.'

이런저런 생각을 하다가 점점 더 깊은 슬럼프에 빠져들었다.

'그래, 그동안 나는 글을 쓴다는 핑계로 위안을 삼았지만, 그것도 알고 보면 남이 쓴 글을 모아 짜깁기하거나, 남에게 배운 것을 다시 조합하는 수준에 불과하였지.'

오늘 새벽에도 이따위 잡동사니 생각에 사로잡혀 있다가, 천근만근 나른한 몸을 일으켜 비몽사몽 중에 예배를 드렸다. 그리고 그 자리에 엎드러졌다. 그때 환상이 보이기 시작하였다.

어느 학교 교실인지, 무슨 교회 예배당인지 분명치는 않았으나, 나는 마룻바닥에 앉아 무엇을 만지작거리고 있었다. 그때 난로 위에 무엇이 끓는 냄비가 있었다.

내가 당번이었으나 어쩌다 한눈을 팔았다. 냄비에 불이 붙었다. 얼른 냄비를 들어 옆에 있는 방화용 모래에 집어넣었다. 불은 꺼졌으나 냄비는 여전히 달아있었다. 불이 되살아날지 몰라 조심스럽게 지켜보았다. 그때 강단 쪽에서 소리가 들려왔다.

"그만하면 되었다!"

그 말을 듣고 다음 당번이 와서 내가 들고 있던 냄비를 받아 밖으로 나갔다. 부담스러운 짐 하나를 벗은 듯 홀가분하였다.

이는 수면 중에 꾼 꿈이 아니라 몽롱한 중에서 본 환상이다. 그래서 순간적으로 기도하게 되었다. 무엇인가 의미 있는 하나님의 계시로 보였기 때문이다.

"오, 주여! 감사합니다. 주님의 뜻대로 이루어지기를 바랍니다."

그리고 일어나 세수하고 책상 앞에 앉았다. 늘 하던 대로 다음 예배를 준비하기 위해서였다. 오늘은 주일이라 저녁예배와 내일 새벽예배까지 준비해야 했다.

성경을 읽고 나자 옆집 할아버지의 기침 소리가 들렸다. 텔레비전이 나오지 않으니 와서 봐달라고 하였다. 위성 TV로서 외부입력 버튼이 눌렸다든지 하는 등의 리모컨 조작 문제라는 것을 나는 알고 있었다.

사실 그런 일이 심심찮게 자주 있었다. 대부분의 할아버지와 할머니들이 전깃불을 끄고 TV를 보다가 리모컨을 잘못 누르기 때문이었다.

오늘도 예외가 아니었다. 천천히 설명해 드리고 나오자 할머니가 이것저것 챙겨서 손에 쥐여주었다. 처음에는 사양하였으나 받지 않으면 오히려 섭섭하게 생각하여 감사하고 받아왔다.

"어휴, 그나저나 아저씨 없으면 어떻게 사노? 누가 우리 텔레비전 고쳐주나?"

할머니의 말씀이 한동안 귀청을 울렸다. 팔십을 넘긴 노부부는 천사 같은 마음씨를 가진 전형적 촌로다. 농기계 하나 없이 일일이 손으로, 낫으로, 괭이로, 호미로, 분무기로, 지게로 농사를 짓는다. 어쩌면 이 시대 마지막 손 농사꾼인지도 모른다. 그러면서 가끔 이웃을 만나면 이렇게 말한다.

"에이, 이제 나도 다 됐어. 내년은 어쩔지 모르겠어."

그들은 그 흔한 경운기나 리어카도 없이 오로지 지게로 지고 다니며 농사를 짓는다. 밭을 갈 때도 할아버지가 쟁기를 잡고 할머니가 앞에서 끈다. 동지섣달 두 달만 빼고 거의 매일 밭에서 산다. 그들에게 토지는 그 밭 하나밖에 없었다.

아무리 뜨거운 삼복 더위에도 이른 새벽부터 저녁 늦게까지 밭에서 살았다. 다소 경사가 높은 밭둑도 손수 낫으로 베어 다른 밭과 대조를 이루었다.

마치 60년대나 70년대 농사짓는 광경을 보는 듯했다. 세상이 너무 급변하다가 보니 쉽게 찾아보기 힘든 모습이다. 우리가 사는 집 바로 앞에 폭이 20m쯤 되는 강이 있었고, 그 강 건너편 언덕에 그 밭이 있었다.

'그래, 어찌 보면 여기서도 내가 할 일이 있지 않은가? 이 부족한 내가 필요한 사람들이 있으니 말이야. 그것이 비록 작고 하찮은 일일지라도, 필요한 사람에게는 요긴한 일일 수도 있잖은가?'

그때 창문 밖에서 세미한 소리가 들려왔다. 누가복음 16장 10절 말씀이었다.

'지극히 작은 일에 충실한 사람은 큰일에도 충실하고, 지극히 작은 일에 불의한 사람은 큰일에도 불의하다.'

"아멘." (2008. 7. 27. 주일)

1002. 옥수수 사건

"어디에 집착하고 무엇을 불평하는가?"

주님의 책망이 귓가에 쟁쟁히 들려왔다. 그리고 다시 이어졌다.

"네게 맛있는 옥수수를 주지 않았던가? 이제껏 먹고 싶은 것을 먹지 않은 적이 있었던가? 필요한 만큼 다 주지 않았던가? 무엇이 부족하여 불평하고 어디에 집착하는가?"

이른 봄부터 초여름까지 여기저기 다니며 옥수수를 심었다. 그리고 정성껏 가꾸며 돌보았다. 그런데 막상 옥수수를 따보니 하나도 먹을 것이 없었다. 알이 드문드문 박히거나 벌레가 먹고 제대로 자라지를 않았다.

그런데 옆집 할머니가 준 옥수수는 그러지를 않았다. 할머니는 옥수수를 삶아 관광객들에게 팔았다. 그때마다 따끈따끈한 옥수수를 한두 봉지 주었다. 모든 것이 알차고 충실하였다.

그 옥수수 맛이 너무 좋아 단번에 5개나 먹은 적이 있었다. 약간 덜 여문 것도 맛이 있었다. 진짜 좋은 것은 관광객들에게 팔고, 약간 부족한 것만 골라 주었으나 우리 옥수수에 비하면 상품이었다.

새벽에 자매가 할머니를 읍내까지 자동차로 모셔다드렸다. 그때마다 김이 무럭무럭 나는 옥수수를 한두 봉지씩 얻어왔다. 그것을 며칠에 걸쳐 먹곤 하였다.

할머니는 오랜 경험으로 옥수수에 대한 노하우를 가지고 있었다. 이른 옥수수와 늦은 옥수수를 구별하여 팔아야 할 일자에 맞춰서 제때 심었다. 우리는 그것도 모르고 대중없이 아무 때나 늦은 옥수수를 심었다.

그 사실도 모르고 할머니가 준 옥수수를 받아먹다가 우리 옥수수를 보고 맥이 빠졌다.

"아이 씨, 다 같은 옥수수를 심었는데 왜 이 모양이란 말인가?"

농사를 제대로 지을 줄도 모르면서, 범사에 감사하라고 하신 주님의 말씀은 잊은 채, 매사에 불평하고 불만하다가 잠자리에 들었다.

그것이 유독 옥수수 때문만은 아니었다. 범사에 쌓인 불만이 옥수수로 인해 터져 나왔다. 그래서 하나님께서 또 나를 책망하셨다. 잠재적 역량을 갖추라는 사랑의 채찍이었다. (2008. 7. 28)

1003. 기도와 찬양

하나님께서 오늘도 의미 있는 환상을 보여주셨다. 일직선으로 나란히 붙은 3개의 방이 있었다. 앞방은 너무 밝아 아무도 근접할 수 없었다. 지극히 거룩하신 분이 계신 것으로 보였다.

중간 방은 사물을 분간할 수는 있었으나 어두침침하여 기분이 좋지를 않았다. 그리고 안쪽 구석방은 암흑천지였다. 귀신들의 두목이 있는 듯하였다. 그런데 방마다 쪽문이 있어 서로 연결되어 있었다.

앞방과 중간 방의 쪽문은 우편에 있었고, 중간 방과 구석방의 쪽문도 돌아서 보면 우편에 있었다. 따라서 중간 방에서 볼 때 양 쪽문이 대각선 위치에 있었다.

그러나 중간 방에서 앞방과 구석방으로 갈 수는 없었다. 앞방과 구석방에서만 중간 방으로 건너올 수 있었다. 앞방은 너무 밝고 구석방은 너무 어두웠기 때문이다.

나는 하늘 위에서 어두침침한 중간 방을 내려다보고 있었다. 밝은 앞방과 캄캄한 구석방은 볼 수가 없었다. 그때 중간 방에서 한 성도가 기도하는 모습이 보였다. 짐작건대 앞방에 계신 분이 그의 담력과 인내심을 시험하기 위해 시키시는 듯하였다.

그 성도의 기도가 끝나자 내가 그 방에 들어가게 되었다. 내가 기도할 차례가 되었기 때문이다. 막상 그 방에 들어서자 섬뜩한 느낌이 들었다. 하지만 담대한 믿음도 동시에 우러나왔다.

'그래, 나는 사나 죽으나 주의 종이다. 살아도 주를 위해, 죽어도 주를 위해 죽어야 한다. 그런데 무엇이 두렵단 말이냐? 그 어떤 고난이나 역경, 핍박, 굶주림, 헐벗음, 위험, 칼도 내 길을 막을 수 없다. 나는 여기서 적어도 20개 이상의 기도를 드릴 것이다!'

그러자 나도 모르게 강하고 담대한 믿음이 솟아올랐다. 자리를 다잡고 앉았다. 왼쪽에 카세트 라디오가 있었다. 조용한 경음악이 흘러나오고 있었다. 기도하는 성도의 잡념을 없애려고 누가 켜놓은 것으로 보였다.

그래서 나는 이왕이면 더 경쾌한 찬송가로 분위기를 띄우려고 음악 방송으로 사이클을 돌렸다. 20개의 기도를 다 드리자면 다소 시간이 걸릴 것으로 보였기 때문이다.

그때 카세트 라디오에서 쥐새끼처럼 생긴 짐승이 갑자기 불쑥 튀어나와 깜짝 놀랐다. 마치 유령이 시공을 초월하여 홀연히 나타나듯, 그렇게 머리부터 꼬리까지 스르르 순식간에 빠져나왔다.

그런데 막상 빠져나온 놈을 보니, 쥐새끼보다 훨씬 큰 고양이처럼 보였다. 어두침침하여 자세히 보이지는 않았지만, 분명히 쥐새끼보다는 큰 짐승이었다.

순간적으로 소름이 쫙 끼쳤다. 머리털이 삐쭉삐쭉 솟구쳤다. 그놈을 가만히 지켜보았더니, 이리저리 정신없이 헤매다가 샛문 문턱을 넘어 구석방으로 들어갔다.

하지만 즉시 쫓겨나 다시 이리저리 배회하였다. 그러나 앞방으로 다가가지는 못했다. 너무 밝아서 앞을 볼 수 없었기 때문이다.

그 짐승은 어딘가 어두침침한 곳에 처박혀 정착하기를 바라는 눈치였다. 하지만 들어갈 곳이 그 카세트 라디오 말고는 마땅한 것이 없었다.

앞방은 너무 밝아 근접할 수도 없었고, 구석방은 들어갔다가 쫓겨났으며, 내가 있는 방에도 그 찬양 소리 때문에 더 이상 거할 수가 없는 듯하였다.

사실 그 짐승은 성도의 기도와 찬양을 몹시 싫어하는 눈치였다. 그래서 기도하는 성도에게 들어가지 못하고 경음악이 흘러나오는 라디오에 들어가 있었던 것이다.

그런데 갑자기 라디오에서 활기찬 찬양이 터져 나오자, 그 소리가 듣기 싫어 빠져나오긴 하였으나, 다시 들어갈 수도 없고 다른 곳으로 나갈 수도 없었던바, 그야말로 낙동강 오리알 신세가 되었다. (2008. 7. 28)

1004. 이사(1)

울진 온정에서 영덕 창수로 이사를 했다. 이사에 대비하여 김장 무와 배추, 파 등만 남겨두고 모든 농작물을 미리 추수하였다.

이사가 늦으면 늦을수록 날씨도 추워지고, 이사 가는 우리나 이사 오는 사람이 모두 힘들었기 때문이다. (2008. 10. 30)

1005. 사역 시침질

읍내에서 무슨 교육을 받고 집으로 돌아가고 있었다. 교육이 끝난 뒤 컴퓨터로 무엇을 조회하다가 다소 시간이 지체되었다. 읍내에서 집까지의 거리는 6㎞쯤 되었다.

그런데 우리는 걸어서 귀가하고 있었다. 도로가 포장되지 않은 것으로 봐서 적어도 수십 년 전으로 보였다. 당연히 자가용도 없었다. 다행히 함께한 사람이 3명이나 되었고, 이런저런 이야기를 나누며 걸어서 심심치는 않았다.

그들은 초등학교 동창생 2명과 일찍이 사고로 요절한 내 동생이었다. 그러니까 우리는 모두 교육 동기생인 셈이었다. 해가 서산으로 뉘엿뉘엿 넘어갈 즈음, 우리는 우리 집 바로 앞에 도착하였다.

하지만 2명의 친구는 아직도 갈 길이 멀었다. '빛을 받음'이라는 친구는 2㎞를 더 가야 했고, '동녘 귀가'라는 친구는 4㎞를 더 가야 했다.

"아, 그리고 보니 오늘이 벌써 2일째 아닌가? 교육 기간이 1주일이니 이제 5일 남았군. 그런데 내가 왕복 12㎞나 되는 길을 걸어서 다니다니 참으로 놀라운 일이 아닌가? 자, 이제 우리 집에 도착하였으니 잠시 쉬면서 저녁이나 먹고 가게나?"

그래서 우리는 모두 집으로 들어갔다. 우리 집은 신작로 바로 옆에 있었다. 어머니가 뛰어나와 우리를 반갑게 맞아주었다. 어머니는 내가 어릴 때부터 내 친구들에게 항상 그렇게 친절하였다.

"어머니, 밥 좀 주세요. 밥이 없으면 라면도 괜찮습니다."

그러자 어머니는 전기밥솥에 밥을 해놓았다고 하면서 방으로 들어가라고 하였다. 예고 없이 저녁을 부탁하여 설마 하였는데 다행이라는 생각이 들었다. 기뻐하며 서둘러 방으로 들어갔다.

그때 내 옆에서 묵묵히 나를 지켜보던 동생이 우선 좀 씻으라고 손짓을 하였다. 그래서 내 모습을 돌아보니 그대로 식사를 하기에는 몸이 좀 더럽다는 생각이 들었다.

그저 친구들만 신경을 쓰다가 보니 나를 돌아보지 못했다. 그래서 세수부터 하려고 마당에 있는 수돗가로 발길을 옮겼다.

이는 오늘 새벽에 꾼 꿈이다. 여기에도 하나님의 계시가 깃들어 있다는 생각이 들었다. 그동안 예수나라 교리와 교훈을 쓴다는 핑계로 의미 있는 환상을 보고도 기록에 남기지 않았다. 이제부터 하나님의 계시를 챙겨야겠다는 생각이 들었다.

'1주일간 받을 교육을 2일 받았다면 아직 5일이 남았지 않은가? 성경에 의하면 1일을 1년으로 볼 수도 있다. 그렇다면 아직 5년이 남았다는 뜻

이 아닌가?'

물론 꼭 그렇게 해석할 필요는 없지만, 아무튼 내 몸으로 하루 12㎞가 넘는 거리를 걸어서 왕복한다는 것이 그리 쉽지만은 않았다. 하지만 지난 2일간의 경험으로 미루어 보건대 5일간의 부담은 그리 크지 않았다.

그동안 정신적, 육신적으로 상당한 회복이 있었다는 뜻이다. 오래전에 죽은 동생 '동녘의 구름'에 의해 내 더러워진 몸을 돌아보게 된 것도, 하나님의 일을 수행하기에 앞서 꼭 필요한 사역 시침질로 느껴졌다. (2008. 11. 23. 주일)

1006. 태극기

어린아이 하나를 돌보고 있었다. 침상에서 놀다가 자주 떨어지곤 하였다. 크게 다치지는 않았으나 머릿속에 흉터가 여럿 보였다. 그리고 상당한 시간이 지났다.

'이제는 괜찮겠지. 어느 정도 자랐으니.'

하고 나는 다른 일을 하였다. 그런데 아이가 여전히 침대에서 떨어지는 모습이 보였다. 이번에는 침대 모서리에 곤두박질치며 아래쪽 개울로 떨어졌다.

"저런, 큰일 났네!"

하면서 달려가 보니 다행히 크게 다치지는 않았다. 머리에 약간의 찰과상을 입어 연고를 발라주었다.

그리고 다시 세월이 흘러 아이가 걸어 다니게 되었다. 그런데 무엇인가 계속 불평하며 안달하곤 하였다. 자신이 하고 싶은 일을 하지를 못해 답답하다는 눈치였다.

그러던 어느 날 아이가 내게 다가왔다. 나와 같이 집으로 돌아가기를 원했다. 하지만 나는 일이 끝나질 않아 그럴 수가 없었다. 조금만 기다리라고 하였으나 말을 듣지 않았다. 기어이 혼자 집에 가겠다고 하면서 대문 밖을 나섰다.

그때 보니 오른쪽 텃밭에 무엇이 자라고 있었다. 내가 가꾼 것이었다. 그런데 식물이 아니라 태극기였다. 깨끗하고 선명한 태극기가 온 밭에 나부끼고 있었다.

아이가 밭에서 태극기 하나를 뽑아 들고 대문을 나섰다. 하늘을 보니 해가 곧 서산으로 넘어갈 듯하였다. 우리 집은 산으로 한참 올라가야 했다. 그래서 아이를 혼자 보내기가 심히 껄끄러웠다.

하지만 기어이 가겠다는 아이를 더 이상 말릴 수도 없었다. 아이가 원하는 대로 그대로 두려고 하였다. 그런데 당당하게 대문 밖을 나선 아이가 짜증을 내면서 발길을 돌렸다. 내가 따라나설 것으로 믿고 고집을 부렸는데 내가 그대로 있자 두려웠던 것이다.

텃밭에서 자라난 태극기는 정말 싱그럽고 풍성하며 아름다웠다. 아이가 들고 있는 태극기만 보아도 눈이 부실 정도였다. 금세 일이 끝날 것 같아 아이와 함께 집에 가려고 마음을 먹었다. (2008. 11. 24)

1007. 열기구

한자로 2개의 글자가 보였다. 위에 있는 글자는 세미할 '細(세)' 자였고, 아래 있는 글자는 달 '甘(감)' 자였다. 하지만 그게 무엇을 의미하는지 전혀 감이 오지를 않았다. 그래서 옥편을 찾아보려고 하였더니 장정도 혼자 들기 힘든 아주 큰 사전이었다.

그런데 거기에는 '세' 자와 '감' 자가 아니라 '호세'로 나와 있었다. 하지만 '호세'가 '豪勢(강한 세력)'인지, '怙勢(권세 믿음)'인지 분명치 않았다. 그 의미 또한 무척 난해했다.

하지만 분명한 사실은 '호' 자와 '세' 자가 틀림없다는 것이고, '호세'라는 두 글자 안에 아무도 모르는 여러 가지 어려움이 들어있다는 것이었다.

평소 알고 지내던 장로님이 풍선처럼 생긴 열기구를 타고 왔다. 그리고 그것을 내게 맡기고 어디론가 떠나갔다. 나는 호기심에 못 이겨 그 열기구를 타려고 하였다. 사용법도 모르면서 무조건 올라탔다.

앞에 달린 스위치를 위로 올리자 공중으로 올라갔다. 그리고 앞으로 밀자 앞으로 나아갔으며, 뒤로 잡아당기자 뒤로 물러났다. 한참 그렇게 하였더니 어지러웠다. 아래쪽으로 내리자 급속히 아래로 내려갔다.

착지할 때 충격을 완화할 필요가 있었다. 지상 가까이 이르러 스위치를 살짝 올렸다가 다시 내렸다. 그러자 멈칫하며 사뿐히 내려앉았다.

그리고 얼마 있다가 다시 운행하려고 스위치를 올렸더니 배터리가 다 소모된 듯 더 이상 올라가지 않다. (2008. 12. 1)

1008. 애증의 물결

그저께 받기로 약속된 돈이 2개월 연기되면서 들어오지 않았다. 그 돈을 믿고 보름 전에 남해안 관광을 가기로 약속했다가 진퇴양난에 빠졌다.

어머니 생신을 맞아 난생처음으로 효도 한번 하려고 큰맘을 먹었던바 취소하기도 어려웠다. 게다가 어머니가 음식까지 다 준비했다고 하여 달리 방법이 없었다. 하지만 돈은 다 털어보아도 10만 원뿐이었다.

그때 교회당 전기 설치비 50만 원을 지급하려고 가지고 있었다. 우선 그 돈을 여행 경비로 쓸 수밖에 없었다. 온종일 뒤숭숭한 생각에 마음이 편치를 않았다. 속도 불편하고 잠자리에 불안하였다.

새벽기도를 드리기 직전에 환상인지 꿈인지 분간하기 어려운 이상을 보았다. 돈이 절실히 필요하여 만사 제쳐놓고 도박판에 뛰어들었다. 다른 것은 할 줄을 몰라 민화투를 쳤다.

그런데 의외로 청단에다 초단, 초약까지 하였다. 광과 열과 띠까지 알맹이는 거의 싹쓸이하였다. 점수를 세기조차 어려울 정도였다. 그때 상대방 2명이 내 점수에 이의를 제기하였다.

그들이 직접 내가 먹은 알을 가져다가 계산하였다. 그리고 돈다발 한 뭉치를 건네주면서 뭐라고 한마디 하였다. 그것을 받아보니 구권 천 원짜리가 앞뒤에 붙어 있었고, 안쪽에는 신권 만 원짜리가 들어있었다.

내가 먹은 점수가 그 이상임을 그들도 인정하였으나, 일부를 떼어 누구에게 주어야 한다고 하면서 60점만 계산하였다. 그래서 6만 원씩 2명

몫으로 12만 원을 주었다. 그리고 바깥에 있는 사람 3명과 동료 2명에게도 계산하여 따로 받으라고 하였다.

그리고 다음 날 출근하여 보니 내 책상이 옮겨져 있었다. 사무관 옆에 내 책상이 가지런히 놓여 있었으나 우측이 경사지로 책상과 의자가 모두 비스듬하였다. 안정감이 없어 흔들거렸다. 사무관 바로 뒤쪽에 빈자리가 있어 그쪽으로 옮겼으면 좋겠다는 생각이 들었다.

그때 내 옆에 앉은 사무관이 일거리를 주었다. 신입 직원 교육이 있다고 하면서, 수백 매가 넘어 보이는 자료를 복사해 오라고 하였다. 크기가 일정치 않아 어떻게 복사할지 어리둥절하였다. 그래서 혼잣말로 중얼거렸다.

'어디서 어떻게 복사하라고 자세히 일러주어야 하지 않는가?'

그러자 그가 짜증을 냈다. 어디서 농땡이 치고 놀다가 이제 와서 불평하느냐는 투로 느껴졌다. 사실 나는 그동안 엉뚱한 곳에서 오랫동안 지내며 직무에 충실하지 않았다. 그때 아래쪽에 앉은 다른 사무관이 말했다.

"사무관이 되려면 모든 일을 알아서 척척 해야지. 복사기에 '줌'을 주고 하면 되잖아?"

그때 나는 주사였고 그들은 사무관이었다. 먼저는 유신 사무관이었고, 나중은 일반 사무관이었다. 유신 사무관은 대위에서 소령으로 진급하는 대신 사무관으로 특채된 사람이었다.

일반 사무관은 나보다 2개월 앞서 임용된 사람이었고, 나이는 나보다 2살 위였다. 유신 사무관 역시 나보다 2살 많았다. 하지만 우리는 친구처럼 지내는 사이였다. 성격도 모두 온화하였다.

그래서 겉으로는 나를 핍박하는 것처럼 보였으나 속으로는 내 잘못을 고쳐 바로 잡으려는 것이었다. 그 마음을 알고 내가 말했다.

"그래, 이제 잘 알았으니 이번 한 번만 시범을 보여주면 안 될까? 앞으로 이런 일은 시키지 않아도 나 스스로 알아서 할 테니!"

그러자 유신 사무관이 자리에서 일어나 2층으로 올라갔다. 내가 그 뒤를 따랐다. 복사하는 곳이 멀리 있는가 싶었는데, 바로 2층 로비에 있어 다행이라는 생각이 들었다.

사실 복사는 별로 어려운 일이 아니었다. 하지만 그것도 배우지 않으면 힘들다는 사실을 깨닫고 앞으로 매사에 성실해야겠다는 생각이 들었다. 그들처럼 사무관이 되기 위해서라도 말이다.

그때 휴대폰이 빛을 발하며 알람이 울렸다. 새벽예배를 드릴 시간이었다. 예배를 드리고 갈급한 심정으로 기도하였다.

"부모님을 모시고 남해안으로 가는 문제를 주님께서 이끌어 주십시오. 오늘 한전에 가서 전기를 신청하겠습니다. 그리고 농협에 가서 신용카드도 만들겠습니다. 하지만 옛적의 악몽이 되살아나지 않도록 도와주십시오. 교회당 공사도 주님께서 맡아주십시오. 저는 여기서 이 모든 일을 주님께 맡깁니다. 아멘."

그러자 비로소 조용히 다가오는 주님의 평화를 느낄 수 있었다. (2008. 12. 12)

1009. 나눔의 향기

무슨 서류를 오랫동안 정리하고 편철하였다. 상당한 시간이 걸렸다. 서류 두께가 한 뼘이나 되었다. 그때 옆에서 아이들이 치근대어 귀찮았다. 하지만 일이 끝날 즈음 아이들이 운동장에 나가서 놀고 있어 마무리하기 쉬웠다.

운동장을 바라보니 아이들이 공놀이를 하다가 서로 싸우고 있었다. 늦게 뛰어든 아이들이 먼저 놀던 아이들과 주도권을 놓고 다투는 듯하였다.

먼저 놀던 아이 중에 '물렁한 아이'의 코피가 터졌다. 아이들 생리상 피를 보자 울고불고 난리법석이 났다. 하지만 그사이 나는 모든 일을 끝낼 수 있었다.

서류를 편철한 후에도 한 과정이 더 남아 있었다. 각 장에 일련번호를 매기는 일이었다. 오래전 나는 매달 십여 권의 책을 편철하여 일일이 손으로 페이지를 쓴 적이 있었다. 500매 정도의 페이지를 쓰는 일은 아무것도 아니었다.

그리고 누웠다가 다시 환상을 보았다. 마무리한 서류철을 관공서에 제출하였다. 거기서도 몇 차례 심사를 더 거쳐야 했다. 심사를 마치고 고지서를 교부하는 곳에 이르렀다. 그런데 발행된 고지서를 보니 세금이 부과되어 있었다.

"아니, 세금이 있습니까?"

"물론이죠, 그것도 상당히!"

"지난번에는 분명히 없었는데."

그때 나는 교회 명의로 부동산을 매입하면서 감면받은 세금이 기억났다. 등기부처럼 보이는 서류를 보니, 교회로 소유권이 이전되었다가 다른 사람에게 넘어간 후, 다시 교회로 이전되어 있었다. 당시 사전 심사를 했던 사람이 다가와 서류를 쭉 훑어보며 말했다.

"세금을 내지 않으려면 '진태영' 씨를 만나보세요."

"'진태영'이라는 사람을 저는 모르는데요?"

"물론 그러시겠지요. 하지만 그는 각계각층에 발이 넓어 이제까지 단 한 번도 해결하지 못한 일이 없습니다."

"아니, 그렇다면 요즘 세상에서도 법과 원칙에서 벗어나 사람에 의해 좌지우지되는 일이 있다는 말입니까?"

"그렇기는 합니다만."

그때 나는 '진태영'이라는 말이 '眞太榮', 곧 '참으로 큰 영화'라는 사실에 놀랐다.

새벽예배를 드리고 다시 누웠다가 또 다른 환상을 보았다. 신학교에서 마지막 강의를 듣고 있었다. 강의를 마치고 교수님이 떡 한 상자를 건네주었다. 하지만 그 떡을 먹으려고 나오는 사람은 아무도 없었다.

그래서 떡을 들고 학생들 앞으로 가서 일일이 먹으라고 권했다. 그러자 한 사람도 빠짐없이 모두 필요한 만큼의 떡을 받아먹었다. 맨 뒷줄 마지막 남은 학생들에게 갈 때는 비닐에 포장된 조각난 떡밖에 없었다.

내가 먹기 위해 조금 남겨둔 떡까지 모두 달라고 하였다. 그러자 서너 조각만 내 입에 넣어주고 나머지를 다 내 손에 들려주었다. 그래서 그 떡까지 모두 학생들에게 나눠주었다. 그러자 빈 박스와 포장지만 남았다.

그때 내 옆에서 나를 돕는 자매가 있었다. 내 책상 아래 그것을 넣어두라고 건네주었다. 그리고 화장실에 가려고 하였더니 다음 강의가 막 시작되었다. (2008. 12. 31)

1010. 마음을 찢고

오랜만에 사무실을 찾아갔더니 내 자리가 옮겨지고 없었다. 자리를 너무 오래 비운 탓이었다. 옮겨진 자리를 찾기는 하였으나 모든 것이 어색하게 느껴졌다.

3명이 같이 앉는 긴 의자 오른쪽에 사무관이, 왼쪽에 여직원이, 그 가운데가 내 자리였다. 그때 여직원이 내 뺨에다 입을 맞추며 이렇게 속삭였다.

"어때요? 기분이 좀 이상하지 않아요?"

"아니, 내 나이가 벌써 50살이 넘었잖아? 더욱이 신앙인이고."

그때 우리가 앉은 맞은편을 보니 서너 명의 여직원들이 모여 화투를 치고 있었다.

"아니, 벌써 점심시간이라도 되었나?"

하면서 손목시계를 보니 오후 1시 10분을 넘어서고 있었다.

"아니 벌써, 시간이 이렇게 되었나? 이미 점심시간이 지났잖아?"

그때 내 손목시계 속에서 시커먼 먹물이 흘러나왔다. 그리고 시침과 분침이 제멋대로 왔다 갔다 하더니 3시를 훌쩍 넘어섰다. 옆에서 지켜보던 사무관이 소리쳤다.

"수분을 빼, 수분을! 수분 때문이야!"

일어나 보니 대개 기분이 언짢은 환상이었다. 어머니 생신을 무겁게 시작할 수밖에 없었다. 하지만 크게 괘념치 않았다. 이번 모임을 통해 우리 가문이 복음화되기를 기도하고 있었기 때문이다.

그에 대해 너무 큰 기대를 하지 말라는 정도로 받아들였다. 성경에 이르기를 천하에 범사는 다 때가 있고 기한이 있다고 하지 않았는가?

아침이 되자 남동생 가족이 부모님을 모시고 맨 먼저 도착하였다. 아침 식사를 마치고 축산과 대진 등 항구를 둘러보았다. 그리고 영해 전통시장에 들렀다가 임실 초실약수를 받아 집으로 돌아왔다.

그때 누나와 생질 가족이 도착하여 점심식사를 하였다. 나는 달리다 굼선교회에서 정기적으로 시행하는 릴레이 금식기도 순서에 들어 식사 기도만 하였다. 점심식사가 끝난 후 몇이 후포항에 가서 골뱅이와 대게를 사왔다.

그리고 이어서 여동생 가족이 도착하였다. 매제가 도착하자 기다렸다는 듯이 술판이 차려졌다. 밖에 있다가 방으로 들어가 보았더니 자매들이 술상을 차리는 중이었다.

술판이 벌어지면 예배를 드리기 어렵다는 사실을 나는 경험을 통해 잘 알고 있었던바, 술판을 벌어지기 전에 예배부터 드리자고 하였다.

"술판이 벌어지면 예배를 드리기 어려우니 먼저 예배부터 간단히 드리

자. 모두 모이라고 해요!"

그러자 밖으로 나가는 사람이 있는가 하면 투덜거리는 소리도 들렸다. 하지만 그에 신경을 쓸 수가 없었다.

"정식으로 장시간 드리는 예배가 아니라, 약식으로 간단하게 드리면서 생일 축하 케이크를 자르는 정도이니, 한 사람도 빠짐없이 모두 들어오세요!"

하지만 밖으로 나간 후 들어오지 않는 사람이 있었다. 무신자들이라 특별히 강제할 수 없었다. 요한복음 3장 16절 말씀을 읽고 '가장 값진 선물'이라는 제목으로 짧게 말씀을 전했다. 간절하고 강한 메시지였다.

"하나님의 말씀을 믿지 못하는 사람이 누구의 말을 믿겠습니까? 우리를 지으시고 우리를 이 땅에 태어나게 하신 하나님의 말씀을 믿어야 합니다. 하나님은 지금도 살아계십니다. 우리를 지극히 사랑하여 그 외아들이 오셨는데, 바로 예수 그리스도입니다. 우리를 구원하기 위해 오셨지요. 이제 우리는 그분을 구세주로 받아들여야 합니다. 하나님께서 우리에게 주신 가장 값진 선물이 바로 우리 주 예수 그리스도십니다!"

예배를 마치면서 몇 가지 주의사항을 일러주었다.

"이 동네는 우리가 교회를 개척한 곳인 만큼, 동네 사람들에게 술 취한 모습을 보이거나, 담배를 피우는 모습을 보이지 않도록 조심해야 합니다. 복음을 전하는 데 상당한 부담이 될 수 있습니다. 우리가 추한 모습을 보이면 '너네 집구석이나 전도하라'라고 비웃을 수도 있지 않겠습니까?"

그러자 대부분이 수긍하였다. 이어서 후포에서 사온 골뱅이와 대게 파티가 벌어졌다. 사랑방에서는 아버지와 남동생, 매제, 생질이 술판을 벌이고 주거니 받거니 하였다.

얼마 후 다 함께 윷놀이를 하자는 얘기가 나왔다. 모두 다 어울릴 수 있는 가장 좋은 놀이였기 때문이다. 화투와 달리 신앙적으로도 별 거리낌이 없었다.

그래서 아들 팀과 딸 팀으로 편을 갈라 1인당 1만 원씩 걸고 모든 식구가 윷놀이를 시작하였다. 아들 팀인 우리가 2판을 내리 이긴 다음 3번째 판이 시작되었다.

그때 남동생이 소주를 가져다가 아버지께 따라드리는 모습이 보였다. 그러자 아버지는 물 마시듯 한 글라스를 홀쩍 마셨다. 그때 나도 모르게 이렇게 소리쳤다.

"저런, 윷놀이가 끝나면 드리지! 강술을."

남동생이 깜짝 놀라며 말했다.

"아버지가 목마르다고 하시잖아요?"

그러자 제수씨가 말했다.

"그러면 물을 갖다 드려야죠?"

그러자 아버지가 밖으로 나가셨다. 흔히 하는 말로 삐졌던 것이다. 윷을 던질 순서가 되어도 들어오지 않았다. 그러자 남동생이 나가서 한참 설득한 후 모시고 들어왔다.

그 후 아버지는 시종 기운이 빠진 모습이었다. 그러다가 결국은 밤중에 집으로 돌아가겠다고 하셨다. 모두가 말렸지만, 아버지의 고집을 꺾을 수는 없었다. 부득불 남동생 가족이 아버지를 모시고 본가로 돌아갔다.

또 술을 절제하라는 내 말에 꼬투리를 달고 끈질기게 따지던 생질도 서울로 돌아간다고 나섰다. 그래서 누나 가족들까지 밤중에 길을 떠났다.

그래서 결국은 어머니와 여동생 가족만 남았다. 윷판은 물론이고 생신날 축제까지 모두 망치고 말았다. 그러고 보니 그놈의 수분, 바로 그 수분 때문이었다. 수분을 빼지 못한 탓이었다. (2009. 1. 3)

1011. 큰아들

·

안타까운 우여곡절의 밤이 지나고 새날이 밝았다. 아침 식사를 마친 후 여동생 가족이 어머니를 모시고 본가로 돌아갔다. 다시 집이 텅 비었다.

오늘 아침 나는 예전보다 조금 더 일찍 일어나 여기저기 돌아다니며 흩어진 담배꽁초를 줍는 것으로 일과를 시작하였다. 이어서 주일예배를 드리고 말했다.

"가문의 복음화가 이루어질 때까지 교회에서 집안 행사를 하지 않겠다."

그러나 왠지 종일 마음이 편치를 않았다. 날마다 진수성찬을 대접한 큰아들보다 매일같이 등을 긁어드린 작은아들이 효자라는 이야기가 뇌리를 스치며 지나갔다.

'어쩌면 내가 바로 그 무지한 큰아들인지 모르겠다. 신앙의 양심을 핑계로 불효를 저지른 자식은 아닌지, 현실을 도외시한 종은 아닌지?'

이래저래 답답한 마음이 온종일 가시지를 않았다. (2009. 1. 4. 주일)

1012. 사랑하느냐

"이번 강의가 마지막인지, 아니면 한 번 더 남았는지?"

영어로 강의하던 외국인 교수님이 말했다. 학생은 나를 포함하여 2명이 전부였다. 교수님은 강의 시간이 지났음에도 끝내지 못하고 무엇인가 무척 아쉬워하였다.

이번 강의가 마지막일지 모른다는 생각에 더욱 그런 듯하였다. 그래서 마지막으로 하나만 더 얘기하고 마친다고 하면서, 칠판에다 급히 이 말을 썼다.

"성경에서 가장 중요한 말씀은 무엇인가?"

그리고 시간이 없다는 듯 이렇게 썼다.

"Do you truly love me more than these? (네가 이들보다 나를 더 사랑하느냐?)"

그때 다음 강의를 맡은 교수님이 문을 열고 들어왔다. 그 강의를 듣기 위해 학생들이 우르르 몰려오면서 교실은 금방 시끌벅적하였다. 벽에 걸린 시계를 보니 10분간 휴식 시간이 이미 지났다.

나도 그 강의를 듣기 위해 자리를 챙겨 뒤로 물러났다. 그런데 내 모습을 보니 부끄럽기 짝이 없었다. 팬티만 입고 있었기 때문이다. 의족까지 밖으로 드러나 보여 더욱 그랬다.

바지를 찾아 입으려고 주변을 살펴보니 다행히 뒤쪽에 내 바지가 있었다. 양복바지와 추리닝 바지가 있었으나 아무렇게 내팽개쳐져 있었다. 아이보리색 양복바지는 비교적 깨끗하였으나 회색 추리닝 바지는 더러워서 입을 수 없었다.

그동안 나는 추리닝 바지를 내복 삼아 속에다 입고 양복바지를 겉에다 입었다. 그런데 무슨 일로 거기 벗어놓았는지 몰랐다. 그래서 추리닝 바지는 그대로 두고 양복바지만 챙겨 입었다. 그러자 나도 떳떳하다는 자신감이 솟아났다.

그때 우리 중에 가장 공부 잘하는 모범생 친구가 다가오더니 8,500원을 건네주었다. 그는 우리 동창 중에서 유일하게 서울대를 나온 친구였다.

한동안 내가 수업에 나오지 않아서 정산하지 못한 것이라고 하였다. 그런데 그때 나도 놀랄 정도로 아주 부드럽고 예의 바른 인사를 하였다. 매사에 자신이 없어 늘 기어들어 가는 말만 하던 내가 아니던가?

"고마워 친구!"

그러자 갑자기 요한복음 21장에 기록된 주님의 말씀이 떠올랐다. 그리고 구리시 돌다리시장에서 평생을 지게꾼으로 살다가 돌아가신 장로님이 생각났다.

그러니까 1982년쯤으로 기억된다. 이슬비가 부슬부슬 내리던 초여름, 교회당으로 올라가는 비탈길 아래쪽에 지붕만 달아낸 허름한 단칸방으로 이사했다. 이삿짐이 얼마 없어 리어카를 빌려 짐을 옮겼다.

이사가 채 끝나기도 전에 그 장로님이 집사님 두어 명과 함께 심방을 왔다. 장로님은 유달리 작은 키에 대머리였다. 어릴 때부터 지게를 너무 많이 져서 키가 안 컸다고 하였다. 지금 생각해보니 사도 바울을 연상시키는 분이었다.

장로님은 정식으로 글을 배운 적이 없었다. 하지만 하나님의 은혜로 더듬더듬 성경은 읽을 수 있었다. 한참 만에 요한복음 21장을 읽었다. 그리고 말씀을 전했다.

"오늘 목사님께서 출타하신 관계로 제가 대신 심방을 왔습니다. 저는 말씀을 전할 능력이 없습니다. 오늘 읽은 말씀으로 은혜를 받으시기 바랍니다. 그리고 예수님께서 베드로에게 하신 이 말씀이, 오늘 이사한 이 가정에 응하였습니다."

그 후 나는 장로님의 말씀을 까맣게 잊고 살았다. 그러다가 오늘 비로소 그 말씀이 생각났다.

"네가 이들보다 나를 더 사랑하느냐?" (2009. 1. 18. 주일)

1013. 영화의 도구

무엇인가 잘못되고 있다는 생각이 들어 아들을 살펴보았다. 아닌 게 아니라 아들의 머릿속 정수리에 연필심들이 잔뜩 박혀 있었다. 박힌 데 또 박히고 박혀서 그야말로 수북이 꽂혀 있었다.

그래서 정수리 주변이 500원짜리 동전만큼 움푹 들어가 있었다. 수없이 박힌 연필심으로 인해 상투를 틀어놓은 듯했다. 게다나 연필심 사이사이에 작은 못까지 박혀 너무 끔찍스러웠다. 그때 세미하고 엄숙한 소리가 내 귀에 들려왔다.

"계속되면 죽을지도 몰라."

그 소리를 듣는 순간 반사적으로 내 입에서 이 말이 튀어나왔다.

"계속되면 죽을지도 몰라! 죽을지도 몰라! 죽을지도 몰라! 그런데, 도대체 어떤 놈이 아이를 이렇게 만든 거야?"

그러자 아들이 대답했다.

"아이들이요."

"아이들이?"

"영화가요."

그때 또 내 귀에 세미한 소리가 들려왔다. 그래서 내가 물었다.

"영화인가요?"

그렇게 대화를 하면서도 나는 우선 정수리에 박힌 못부터 뽑아야 한다는 생각이 들었다. 그래서 급히 니퍼를 찾아들고 정수리에 박힌 두세 개의 못을 우선 뽑아내었다.

그런데 이상한 일이 일어났다. 피가 아니라 하얀 물이 솟아났다. 아이는 아프다고 소리를 질렀다. 흐르는 물부터 닦아내려고 하였다.

휴지를 찾아들고 머리를 살펴보니 물은 보이지를 않았다. 움푹 들어갔던 정수리 부분이 어느 정도 살아나 멀쩡하게 보였다. 정수리에 빼곡히 박힌 연필심도 없었다.

다만 앞쪽과 뒤쪽에 한두 개 정도의 작은 못만 그대로 있었다. 아들의 머리를 조심스럽게 만져보니 정말 하나 아니면 둘 정도의 작은 못 외에는 아무것도 없었다.

그 못까지 마저 뽑으려고 니퍼를 머리로 가져갔다. 그런데 그다음은 환상이 너무 희미하여 기억이 나질 않는다. 하지만 얼마 후 그 나머지 못도 마저 뽑은 것으로 보여 속이 후련하였다.

그 일이 있고 나서 깊은 생각에 잠겼다.

'영화가 좋아 영화의 걱정을 낳는다? 그렇다면 우선 영화를 위한 영화의 걱정을 물리쳐야 하지 않는가? 그래, 영화의 도구를 멀리 떨쳐버려야 해!

사탄이 좋아하고 널리 사용하는 속임수의 도구, 인생을 좀먹게 할 뿐만 아니라 하나님이 주신 사명까지 갉아먹는 도구, 그게 바로 세상을 지배하는 돈이야!

그렇지, 돈을 붙잡고 있는 한 영화를 위한 영화의 걱정은 끝없이 반복될 수밖에 없어! 이제부터 돈을 모르는 세상에서 마음껏 풍요를 누리자!

돈 많은 부자는 부귀영화를 누리고, 돈 없는 사람은 안빈낙도를 누리지만, 돈을 모르는 사람은 천하만사를 다 누릴 수 있다!

하나님이 주시는 참 평화와 자유와 기쁨을 한껏 누리는 거야! 이 세상에 있는 그 어떤 사람보다 더욱 행복한 사람이 되는 거야!

맞아, 이제는 영화를 위한 영화의 도구를 떨쳐버리자! 속임수의 대가여, 사탄의 앞잡이여! 근심·걱정의 뿌리여, 인생의 자유와 평화를 갉아먹는 좀이여, 무수한 세월을 삼켜버린 시간의 독이여! 내 너로 인해 잃어버린 시간이 너무나 아깝구나!

하지만 이제는 이것으로 족하다! 더 이상 내 남은 시간을 허비할 이유가 없다! 비록 지금은 아닐지 모르지만, 머지않은 장래에, 반드시 이렇게 외칠 날이 올 것이다!'

"돈을 참으로 아는 사람은 결코 영화의 도구로 삼지 않는다."

"돈의 정체를 알고 돈을 아사셀 염소처럼 떠나보낸 사람이 행복하다!"

(2009. 1. 26. 설날)

1014. 감사헌금

그 유명한 글로벌 목사님이 나와 함께 나란히 앉아 기도하고 있었다. 수많은 성도들이 불을 끄고 통성으로 기도하는 가운데 성령님이 목사님에게 임하였다.

"특별히 안수할 사람이 있으니 지갑 좀 빌려줘."

그래서 내가 지갑을 꺼내주었다. 그러자 목사님이 내 바로 앞에서 심각하게 기도하는 형제의 머리 위에 그 지갑을 얹고 안수하였다. 그때 나는 내 지갑 속에 무엇인가 소중한 것이 들어있다는 생각이 들어 걱정되었다.

"저러다가 혹시 지갑 속에 들어있는 것이 빠지지 않을까? 이렇게 어두운 곳에 무엇이 빠지기라도 하면 어떻게 찾지?"

하지만 그것은 기우였다. 목사님의 안수기도가 끝나자 내 주변이 환하게 밝았다. 그렇다고 불이 켜진 것은 아니었다. 주변 사람들은 여전히 어두운 가운데 통성으로 기도하고 있었다. 우리만 밝히 볼 수 있었다.

목사님이 안수를 마치자 그 형제는 자리에서 벌떡 일어나 더욱 간절히 기도하였다. 그러다가 자기 주머니 속에서 수표 1장을 꺼내 들더니, 뒤에 있는 헌금함으로 급히 달려가 넣었다.

형제는 자영업을 하는 것으로 보였다. 그런데 사정이 어려워 마지막 남은 10만 원짜리 수표 1장을 가지고 기도하다가, 목사님의 안수를 받고 감동을 받아 마지막 남은 그 수표를 바쳤던 것이다. 그는 아무 말도 하지 않았으나 내심 이렇게 기도하는 듯했다.

"할렐루야! 하나님께 감사드립니다. 이제 마지막 남은 이 수표 1장을 하나님께 바치도록 믿음을 주시니 감사합니다!"

형제가 수표를 들고 헌금함으로 가자 그제야 목사님이 내 지갑을 돌려주면서 말하였다. 마치 나의 의중을 꿰뚫어보는 듯했다.

"이제 됐다! 그런데 이 지갑 속에 헌금할 돈이 있는가?"

그래서 나는 지갑을 받자마자 속을 펼쳐보았다. 아닌 게 아니라 과연 두툼한 봉투 하나가 들어있었다. 언젠가 50만 원을 넣어 봉해둔 것이었다. 그리고 봉투에 이렇게 적어놓았다.

'押留(압류)를 解除(해제)시켜 주시니 感謝(감사)합니다.'

봉투에 기재된 글은 토씨를 제외하고 한문으로 기록되어 있었다. 문장이 길어서 다 기억할 수는 없었으나 분명한 사실은, 마지막 부분에 押留와 解除와 感謝라는 세 단어가 있었다는 것이다.

그때 목사님은 나와 함께 한 글자씩 또박또박 끝까지 읽었다. 이해가 되지 않는 부분이나 불분명한 글자는 나에게 물어본 후 이해를 확실히 하고 넘어갔다.

그렇게 다 읽고 나자 그동안 잊고 있었던 일이 생각났다. 그 봉투는 얼마 전 믿음으로 바치려고 하였던 감사헌금이 틀림없었다.

"그러니까, 이제 보니 이 헌금은 이렇습니다. 오랫동안 빚에 젖어 살아갈 때였지요. 빚을 갚아야 한다는 갈급한 심정으로 기도하던 중, 하나님의 은혜로 모든 빚을 청산할 돈이 주어졌습니다.

그때, 비록 자세히 기억나진 않지만, 성령님이 자매들에게 임하여 나를 도왔던 것으로 보입니다. 아무튼 그렇게 빚을 갚을 돈이 주어졌습니다. 그래서 저는 하나님의 영에 감동되어 이렇게 선언하였습니다.

'하나님께서 내 빚을 일시에 갚아주셨으니 얼마나 감사한 일인가? 빚

을 갚는 일이 나의 노력이 아니라 하나님의 은혜가 아닌가? 그러니 이 돈으로 우선 하나님께 감사드리자!'

그래서 저는 하나님의 은혜로 주어진 빚 갚을 돈을 우선 감사헌금 봉투에 넣고 그 사유까지 기록하였던 것입니다. 그런데 의심이 들었습니다.

막상 헌금을 하자니 빚 걱정이 앞섰고, 빚을 갚자니 성령님의 감동으로 선언한 하나님과의 약속이 걸렸습니다. 그래서 차일피일하다가 이렇게 되었습니다. 진즉 하나님께 드렸어야 했는데 말입니다.

빚은 믿음만 있으면 언제든지 하나님께서 갚아주실 수 있지만, 바쳐지지 않은 헌금은 헌금이 아니라 장물이며, 빚을 갚아주신 하나님의 은혜를 저버린 꼴이니 얼마나 가증한 일인지요?"

그러자 목사님이 그 사정을 이해한다는 듯 고개를 끄덕이며 말하였다.

"이제 됐다!"

그 목사님은 이제까지 단 한 번도 본 적이 없었지만, 필요할 때마다 나를 찾아와 용기와 위로를 아끼지 않았다. 정말 감사하고 고마웠다. (2009. 2. 3)

예스 7, 자유의 다리

제32편

사랑의 온도

1015. 불로, 불로, 불로

우리 집 마당에 서너 그루의 과일나무가 자라고 있었다. 어느 정도 주변 정리가 끝나자 안정이 되는 듯하였다. 그런데 오른쪽 나무가 이상하였다. 나뭇가지에 무엇이 잔뜩 끼어있었다.

그 모습을 보니 속까지 답답하였다. 가까이 가서 자세히 살펴보니 가느다란 실들이 나무 위에 잔뜩 덮여 있었다. 마치 거미줄 위에 안개가 내린 듯하였다.

이리저리 얽히고설킨 실들을 걷어내려고 잡아당겨 보았으나 어림도 없었다. 고래수염보다 더 질기고 단단하였다. 한참 후에 그 실뿌리를 찾아냈다. 나무둥치 옆에 깊숙이 박혀 있었다.

젖 먹은 힘까지 다해 끌어당겨 보았으나 오히려 손이 잘려나갈 듯했다. 마치 억센 고기가 낚싯줄을 끌고 물속으로 깊숙이 들어가는 것처럼 느껴졌다. 당기면 당길수록 줄이 탱탱하였다.

'그래, 바로 이놈이었어! 이렇게 강한 놈이 나무를 휘감아 숨도 제대로 못 쉬게 했어!'

그리고 다시 한 번 힘껏 당겨보았으나 약간의 여지도 없었다. 그래서 창고에 걸려있는 낫을 들고 와서 뿌리 부분을 댕강 잘라버렸다.

'어휴, 이제야 좀 살 것 같구먼!'

그때 10년 묵은 체증이 쑥 내려가는 듯하였다. 하지만 그것도 잠시 잠깐이었다. 돌아서자 여전히 다른 걱정이 있었다.

'그렇다고 해서 이놈이 완전히 죽었다고 볼 수 없잖아? 뿌리가 땅속에 그대로 있으니 말이야! 그래, 줄기만 잘랐지 뿌리는 뽑지 않았어. 다시

자라나 나무를 죽일 수 있어! 아예 뿌리를 뽑아버려야 해!'

하고 다시 나무 곁으로 다가갔다. 둥치 옆에 잘린 낚싯줄 끝이 보였다.

'그런데 저 낚싯줄 뿌리를 뽑다가 나무뿌리까지 뽑으면 어떡하지? 일찍이 예수님께서도 가라지를 뽑다가 곡식까지 뽑을까 염려되니 추수 때까지 기다리라고 하시지 않았는가? 그러니 당분간 그냥 두고 볼까? 아니지, 낚싯줄 뿌리가 나무뿌리까지 휘감고 있을지 몰라?'

하면서 잠시 주춤거렸다. 그때 환상과 실상이 오락가락하면서 낚싯줄 뿌리가 쉽게 뽑힐 것이라는 느낌이 들었다. 낚싯줄이 비록 나무 바로 옆에서 뿌리를 박기는 하였으나 나무뿌리를 휘감지는 않았으며, 낚싯줄이 자기네끼리 서로 탱탱 감고 있어 그냥 쑥 빠질 듯하였다.

그러고 보니 낚싯줄 뿌리가 돌돌 말아놓은 실패와 같았다. 어쩌면 산더덕처럼 보이기도 하였다. 그런데 또 다른 걱정이 앞섰다.

'그런데, 저놈의 식물은 온통 낚싯줄뿐이잖아? 꽃이나 열매는 고사하고, 뿌리와 줄기, 잎도 없잖아? 처음부터 끝까지 모두가 낚싯줄! 아무리 자른들 썩을 일도 없고, 아무리 뽑은들 죽을 리도 없잖아?'

그때 기발한 생각이 떠올랐다.

'그래, 바로 그거야! 저놈의 낚싯줄을 불로 태워버리는 거야! 불로, 불로, 불로!'

그리고 낚싯줄을 걷어 휴대용 가스레인지에 올려 모조리 태워버렸다.

(2009. 2. 5)

1016. 소울메이트

책꽂이에서 책을 꺼내다가 떨어뜨렸다. 옷을 갈아입다가 옷도 떨어졌다. 그때 무엇인가 실족할지 모른다는 생각이 들었다. 이제까지 경험으로 미뤄볼 때 뭔가 불길한 예감이 들었다.

지난해 10월 말 이곳으로 이사한 후 문지방에 머리를 박아 그야말로 머릿속이 성한 날이 없었다. 까진데 또 까지고, 벗겨진 데 또 벗겨지기를 수없이 반복하였다.

마당에서 방까지 들어가는데 적어도 1번은 머리를 완전히 숙여야 하고, 4번은 허리를 반쯤 굽혀야 했다. 완충 스펀지를 문지방마다 더덕더덕 붙인 후에도 들고날 때마다 일일이 손으로 잡고 다녔다. 그러자 정수리에 연고를 바르는 일이 거의 없었다.

그런데 어제 또 2번이나 머리를 박았다. 저녁에 잠자리에 들어 만져보니 정수리에 피가 엉겨 있었다.

'그래, 내 주변에서 또 뭔가 좋지 않은 일이 일어나고 있음이 분명해. 그리스도인의 실족은 하나님의 계시이자 경고일 수 있어.'

그때 기도해야 한다는 생각이 들었다.

"오, 주여! 제 주변에서 뭔가 또 나쁜 일이 일어나고 있는 듯합니다. 저 자신인지, 자매인지, 자녀인지, 아니면 다른 무슨 일인지, 저는 모르지만, 주님은 아십니다.

하지만 주님께서 선히 여기시거든 그 모든 일을 제게 돌리시고, 제가 스스로 감당할 수 있도록 도와주십시오. 제 자매나 자녀가 부지불식간에 실족할까 심히 두렵습니다."

그때 주님의 감동이 다가왔다.

"아들아, 내가 허락한 일이 나쁘게 보일 수도 있지만, 그것은 큰 나쁜 일을 막기 위한 수단이란다. 이제까지 쭉 그러했듯이 말이다. 하지만 흔히 말하는 약밥이나 액땜은 스스로 위안을 찾으려는 수단일 뿐 아무것도 아니란다.

내가 주는 일은 합력하여 선을 이루기 마련인바, 이는 너도 잘 알지 않느냐? 나의 공의는 절대 허튼 것이 없는 법, 내 벌이 네게 복이 됨을 알아야 한다. 내 벌은 자녀에 대한 징계인바, 징계가 없으면 내 자녀가 아니란다."

이렇게 주님의 위로를 받고 잠자리에 들었다. 그런데 새벽녘에 환상이 보였다. '황금이 성취된 존재'라는 사람이 나타나 지도를 펴놓고 말했다.

"이것도, 이것도, 이것도, 모두 다 내가 했잖아요?"

돌이켜 보니 3곳의 자투리땅이 모두 그랬다. 그런데 제주도 남단 바닷가에 있는 땅이 여태껏 이전되지 않았음을 발견했다. 그래서 농담조로 다시 팔겠다고 하였더니 의외의 대답을 하였다.

"당연히 그래야죠. 하지만 닭 몇 마리 값은 줘야 합니다. 실제로 거기서 닭을 키우니까요?"

이어서 다른 환상이 보였다. 어떤 사람에게 무엇을 부탁하였더니 어물쩍 넘어갔다. 얼마 후 다시 만나 부탁했더니 풍선에다 '이상무'라고 썼다.

그리고 그 풍선 옆에다 'pentagon(5각형)'이라 쓰고 자리에서 일어났다. 펜타곤은 그의 이름으로 보였으며, 풍선은 하늘로 띄워 보낼 듯하였다.

아침이 되었다. 평소 입이 짧아 잘 먹지 않던 얼룩이가 밥을 달라고 찡찡거렸다. 밥을 주자면 우선 주변에 널린 개똥부터 치워야 했다. 그래서 삽과 괭이를 들었더니 멀쩡하던 괭이자루가 쑥 빠져나갔다.

"오, 주여! 나의 소울메이트(soulmate), 내 영혼의 동반자여! 오늘도 이 종을 긍휼히 여겨주소서. 하지만 주님의 뜻을 먼저 이루소서." (2009. 2. 11)

1017. 새 출발

새사람을 만나 새 출발을 하기로 마음먹었다. 그리고 예정된 날짜에 서울로 가려고 하였다. 부모님을 비롯하여 모든 사람이 떠날 채비를 끝낸 듯하였다. 하객으로 참석할 마을 사람들도 우리 집에 와서 대기하고 있었다. 대절한 버스도 이미 도착하였다.

그런데 어찌 된 영문인지 내 준비가 끝나지 않았다. 속옷을 갈아입다가 창피함을 느끼고 자리를 옮겼으며, 이리저리 돌아다니며 겉옷을 찾아 입기는 하였으나 양말을 신지 않았으며, 양말을 찾아 신기는 하였으나 구멍이 뚫어진 양말이었다.

'에이, 시간도 없는데 그냥 가지 뭐!'

하면서 일어나려는 순간 억지로 내 양말을 벗기는 사람이 있었다. 서울에 있을 바로 그 자매였다.

"안 돼요! 이걸 어떻게 신어요?"

하고 다른 양말을 찾아 신겨주었다. 회색 나일론 양말이었다. 그런데 자매도 자신의 멀쩡한 양말을 벗고 나와 똑같은 회색 나일론 양말로 바꿔 신었다. 그 양말은 언젠가 어머니가 사다 놓은 것이었다. 그때 벽에 걸린 시계를 보니 저녁 7시가 가까웠다.

'이런, 지금 막 출발해도 밤 12시나 되어야 도착하겠군! 아무리 저녁에 예식을 한다지만 시간이 늦어도 너무 늦었지 않은가?'

그리고 얼마 후 '마지막 덕행'도 새 출발을 한다는 소식이 들렸다. 그래서 그를 축하하기 위해 길을 나섰다. 어느 곳을 지나다가 '손수 쓴 명쾌한 규정'을 만났다.

"'마지막 덕행'이 새 출발을 한다는데 연락받았습니까?"

"물론이지, 같은 계군이라 부조도 100만 원 했는데."

그래서 그와 자연스럽게 동행하게 되었다.

그런데 조금 가다가 보니 옹벽이 가로막고 있었다.

'이런, 도저히 올라갈 수가 없겠네.'

그때 원면이 있어 보이는 사람이 그곳을 지나다가 나를 힐끗 보고 말했다.

"미안해, 너무 늦어서 나 먼저 가."

하면서 옆에 있는 담장으로 기어오르더니 홀쩍 사라지고 말았다. 그 모습을 보고 나도 담장으로 올라갔다. 막상 올라가 보니 담장에 지붕이 얹혀 있었다. 그리고 담과 지붕 사이에 강 다리가 이리저리 걸쳐져 있었다.

'음, 지붕 위로 올라가야겠군!'

하고 지붕 위로 올라가 보니 지푸라기로 엮은 이엉이 낡아 군데군데 구멍이 뚫어져 있었다. 거기를 지나 다시 얼마쯤 가다가 보니 저 멀리 축

하객들이 모여 있었다.

하지만 여전히 가는 길이 험했다. 호수처럼 보이는 강둑을 지나자 왼편에 웅덩이가 있었다. 웅덩이가 있는 쪽은 낭떠러지였고 오른편은 법면이었다.

내가 서 있는 이쪽과 저쪽이 다 아찔하였다. 하지만 이제 포기할 수가 없었다. 기를 쓰고 우측 법면으로 기어오르기 시작했다. 가까스로 난간을 잡고 위에 올라서게 되었다.

그때 막 자동차가 출발하려고 움직였다. 하객이 있던 곳은 자동차 짐칸이었다. 내가 마지막으로 승차하였다.

'어쩌면 사람들이 손도 안 잡아주나?'

천신만고 끝에 동승은 하였으나 늘 나 혼자라는 생각에 외로움을 느꼈다. (2009. 2. 19)

1018. 단지 뚜껑

단지 위에 움푹 파진 뚜껑이 하나 얹혀 있었다. 그 속으로 싸라기를 쏟아부었더니 어디론가 금방 사라지고 보이지를 않았다.

'아니, 이게 어찌 된 일이야? 밑 빠진 독도 아니고.'

하면서 다시 싸라기를 쏟아부었다. 하지만 또 감쪽같이 사라졌다. 그래서 단지 속을 살펴보니 이게 웬일인가? 단지 뚜껑이 깨어져 옆으로 새어 나가고 있었다.

'이래서 그랬구먼. 그냥 가만히 있는 것이 좋겠어. 하나님께서 허락하신 일이 아니면 무엇을 하든지 꼼짝하면 손해야!' (2009. 2. 20)

1019. 행복 나누기

출근할 시간이 되어 어머니의 배웅을 받으며 집을 나섰다. 평소 알고 지내던 선배가 자가용으로 출근하지 않느냐고 물었다. 그렇다고 고개를 끄덕였다.

그러자 선배는 서둘러 떠났다. 가파른 돌계단을 한참 올라가다가 자리를 잡고 앉았더니, '높고 큰 현자'가 다가오더니 말했다.

"차비가 모자라서 그러는데 동전 몇 개만 빌려줘."

"여기 있잖아. 필요한 만큼 얼마든지 가져가."

그때 나는 상에 있는 동전을 쓸어 모으고 있었다. 그리고 양손으로 주머니에 넣으려고 하였다. 적은 양이 아니었다. 그러자 그가 물었다.

"그런데 차로 안 갈 거야?"

"아무래도 차를 가지고 가는 것이 낫겠지! 술도 마시지 않고. 그런데 차를 어디에다 두었는지 통 기억이 나지를 않아."

"내가 보았어. 이리 따라와 봐."

그래서 우리는 달동네 가파른 계단을 다시 내려가게 되었다. 한참 가다가 보니 우리와 같은 직장에서 일하는 동료들이 좁은 골목길 안에서 버스를 타는 모습이 보였다.

그들은 아침에 행사가 있어 단체로 참석했다가 함께 출근하고 있었다. 차를 탈 사람이 많아 좁은 골목길까지 버스가 들어온 듯하였다. 또 저녁에 단체 회식이 있었던바, 차가 있는 사람도 버스를 이용하였다.

그때 나는 '높고 큰 현자'와 함께 계단을 내려가다가 '크고 거룩한 기운'을 만났다. 그도 내 차에 동승하려고 하였다.

"이제 한 사람만 더 타면 되겠어!"

"내려가 보면 또 탈 사람이 있을 거야."

그리고 계단을 내려가 아래쪽 평지에 이르렀다. 그때 누가 말했다.

"저기 '버금 남자'가 가는데 태우면 되겠군!"

'버금 남자'는 이름만 남자였지 실제는 여자였다.

"그런데 내 차는 어디쯤 있는 거야?"

"바로 저기 있잖아?"

그리고 보니 길 가운데 내 차와 다른 차 한 대가 나란히 세워져 있었다. 야간에만 주차할 수 있는 자리였다. 그래서 대부분의 차가 다 빠져나가고 2대만 남아 있었다. 차를 타고 시동을 걸자 사람들이 우르르 몰려들었다.

'이런, 결국은 탈 사람이 차고 넘치는군! 차도 시원찮은데.' (2009. 2. 25)

1020. 시간 도둑

인사 발령이 나서 책상을 정리하고 있었다. 내 옆에 있던 '큰 돈도 자기 짐을 챙겼다. 나와 함께 발령이 났기 때문이다. 그때 주변 사람들이 서두르는 모습이 보였다.

무슨 일인가 보니 예배시간이 되었던 것이다. 모두가 성경을 들고 서둘러 밖으로 나갔다. 시간을 보니 10시 45분이었다.

'이런, 벌써 시간이 이렇게 되었군!'

나도 서둘러 성경을 찾아들었다. 그런데 찬송가가 합본되지 않은 개역 개정판이었다. 찬송가가 별도로 필요했다. 하지만 새찬송가가 없어 통일찬송가가 합본된 개역한글판 성경을 또 들었다.

개역개정판 성경은 글자도 크고 사이즈도 컸지만, 찬송가가 합본되지 않아 비교적 얇았으며, 개역한글판 성경은 글자도 작고 사이즈도 작았지만, 찬송가가 합본되어 두꺼웠다. 크기와 두께가 다른 2권의 성경을 들었더니 여러모로 불편했다.

예배시간이 촉박하여 서둘러 정문을 나섰다. 그때 한 자매가 물었다.

"영신교회 가실 거예요, 불신교회 가실 거예요?"

"아니, 무슨 소리야! 구내교회를 놔두고?"

평소 우리는 직장 안에 있는 구내교회에서 예배를 드렸다.

"글쎄요, 문을 닫았는지? 저길 보세요, 모두가 시내로 나가잖아요?"

그러고 보니 구내교회 모든 성도가 시내로 나가고 있었다. 대로변 상가에 큰 예배당이 2개 나란히 있었다. 그래서 내 차를 급히 찾았다.

건강한 사람이라면 충분히 걸어갈 수 있는 거리였으나 나는 다리에 장애가 있어 그러지를 못했다. 더욱이 예배 시간도 촉박하였다.

그런데 차를 어디에다 두었는지 통 기억이 나지를 않았다. 이런 일이 한두 번이 아니었다. 영내 주차장을 쭉 둘러보았으나 없었다.

그렇다면 영외 주차장 어딘가에 세워놓은 것이 분명했다. 그래서 다시 밖으로 나갔다. 그때 '이래도 좋고 저래도 좋고 만사 좋아'라는 친구가 내 앞을 가로막으며 말했다.

"일전에 빌려 간 돈을 돌려주면 좋겠네. 내가 급히 쓸 일이 생겨서 말이야."

"그래? 그런데 벌써 퇴원한 거야?"

그는 몸이 안 좋아 병원에 입원하고 있었다.

"아니야, 아직 이틀 정도 남았어. 그런데 사무실에서 출근하라고 하잖아."

"저런! 이리 오게."

그를 데리고 다시 사무실로 돌아갔다. 얼마 전에 빌린 수표 23장을 봉투째 서랍에 넣어 두었던바, 그대로 돌려주려고 하였다. 그래서 봉투를 꺼내 수표를 세기 시작하였다.

그런데 그것이 쉽지 않았다. 수표 1장을 넘기자 사이에 띠지가 감겨 있거나 접혀 있었고, 또 1장을 넘기자 간지처럼 보이는 색종이가 끼어 있거나 접혀 있었다. 매장마다 그랬다.

그래서 수표인지 아닌지 일일이 펼쳐보고 넘겨야 했다. 상당한 시간이 걸릴 수밖에 없었다. 그렇게 수표를 다 세어보니 13장이었다. 10장이 부족했다.

"아니, 이게 어찌 된 거야? 내가 100만 원을 어디에다 썼지? 무슨 빚을 갚았나? 이렇게 기억력이 없어서야 원."

그때 뻐꾸기 소리가 들리면서 대화가 중단되었다. 새벽예배를 드리기 위해 설정한 알람 소리였다. 예배당 시설 공사가 지체되고 있음을 느낄 수 있었다. 아울러 나의 부질없는 욕심도 여전히 남아있다는 사실을 깨달았다.

'오, 주여! 이 부족한 종을 도와주소서! 모모의 시간 도둑으로부터 저를 지켜주소서.' (2009. 3. 19)

1021. 선택의 역설

기쁘고 즐거운 마음으로, 나름대로 열심히 하나님의 일을 수행하고 있었다. 오랜만에 '좋은 기회'도 일하는 모습이 보였으며, '거룩한 기운'도 내 옆에서 밝은 표정으로 일하고 있었다.

"헤이, 이게 얼마 만인가?"

"그래, 정말 오래간만이야!"

그때 3개의 작은 원이 내 눈앞에 나타났다. 그 원에는 '선택'과 '타협', '일방'이라는 글자가 각각 새겨져 있었다. 그중에서 하나를 골라 눌러야 했다.

하지만 평소 소심하고 조심스러운 성격 탓에 선뜻 골라 누르기가 쉽지 않았다. 하지만 지체할 시간이 없었다. 서둘러 골라야 했다. 지극히 짧은 시간이지만 생각하지 않을 수도 없었다.

'선택'을 누르자니 나의 부족함이 드러날까 염려되었고, '타협'을 누르자니 세상과 짝할 우려가 있었으며, 그렇다고 '일방'을 누르자니 하나님 앞에서 교만으로 비칠까 걱정이 되었다.

'그래, 우선 '타협'은 절대 아니냐! 하나님 앞에서 결코 있을 수 없는 일이야. '타협'은 세상일을 수행하는 데 있어서의 지혜일 뿐이야.

그렇다면 '선택'과 '일방'이 남잖아? '선택'은 상당한 위험성을 내포하고 있으니, 하나님께서 '선택'하게 하시고 나는 '일방'으로 하는 게 어떨까?

아니야, 반드시 그렇지만도 않아. 하나님 외에 누가 과연 '일방'으로 일할 수 있겠는가? 사실 하나님께서도 사안에 따라 사람의 의지와 협력하지 않는가? 그러니 사람의 일방은 아무래도 무리야. '일방'은 하나님께 맡기고 나는 '선택'으로 해야겠어!'

그래서 나는 '선택'을 최선이라 생각하고 결심하게 되었다. 하지만 주님 앞에서 여전히 확신이 없었다. (2009. 4. 9)

1022. 멘토의 사랑

학자요, 교수요, 안내자(guide)요, 상담자(counselor)인 스승(mentor)이 있었다. 항상 핸섬(handsome)한 모습에 지성이 넘치는 매력으로 다정다감하게 다가왔다.

어느 날 우리는 그 스승의 집에 모여 있었다. 안방에는 더블침대가 놓여 있었고, 모든 것이 넉넉하여 조금도 부족함이 없어 보였다. 그런데 그가 이런 말을 하였다.

"과수원 앞에 방 3개와 부엌이 달린 4칸짜리 집을 짓고 아이들과 함께 살았으면 좋겠다!"

얼마 후 우리는 어느 지하 동굴에서 무슨 유적을 탐사하고 있었다. 그가 우리를 안내했다. 탐사를 마친 후 식사 시간이 되었다. 풍성한 뷔페가 준비되어 있었다.

그때 나는 음식을 싸서 밖으로 나가려고 했다. 집에 있는 아이들이 생각났기 때문이다. 내 불편한 몸도 고려하였다. 그래서 일행보다 조금 일찍 밖으로 나오게 되었다.

동굴 속에서 밖으로 나가는 길은 험난하기 짝이 없었다. 얽히고설킨 쇠파이프 사이를 요리조리 지나갔고, 개구멍 같은 곳을 기어서 겨우 빠져나갔다. 다른 길이 없었다.

그런데 이상하리만큼 너무 수월하게 빠져나왔다. 내가 일행 가운데 가장 먼저 나왔다. 거기서 기다리던 사람들이 손목시계를 보면서 말했다.

"아니, 벌써 시간이 이렇게 되었나? 빨리 기차를 타!"

그래서 역전으로 갔더니 부산행 열차가 기다리고 있었다. 표를 사려고 하였더니 스승이 급히 다가와 말했다.

"아니야! 아니야!"

하면서 무슨 티켓을 표 파는 곳으로 밀어 넣었다. 그때 나머지 일행이 다가왔다. 그리고 개찰구를 지나 플랫폼으로 들어가니 무슨 대형 극장처럼 보였다.

경사로에 3개씩 나란히 붙은 의자들이 쭉 놓여 있었으며, 앞에는 대형 스크린이 있었다. 내 좌석을 찾아보니 뒤쪽 중간쯤이었다. 그런데 유독 내 자리만 일인용 의자였다. 양쪽에 붙은 2개의 의자가 없었다.

'이것 참 잘 되었군! 누가 내 다리가 불편한 줄 알았던 모양이야. 양옆으로 다리를 벌리고 편히 앉을 수 있게 되었으니 말이야. 아무튼 감사한 일이야!'

하면서 의자를 앞으로 젖히고 앉자 오른쪽 팔걸이 부분에 그리 크지 않은 둥근 테이블도 놓여 있었다. 살짝 눌러보니 반듯하게 세워져 팔을 놓기에 안성맞춤이었다.

'이 또한 안성맞춤이 아닌가? 팔을 얹어놓고 메모를 하거나 책을 보기에 너무 좋군! 그런데 누가 나를 이처럼 배려했을까?'

"할렐루야! 감사합니다. 이 모든 것이 스승의 은혜요, 모든 것을 배려하고 살펴주는 멘토의 사랑입니다. 이제 더 이상 자만에 빠지지 않도록 도와주소서. 신앙의 긴장을 늦추거나 경계를 소홀하지 않도록 지켜주소서." (2009. 4. 14)

1023. 꿈속의 찬양

어릴 때 살던 내 고향, 초등학교 정문 앞에서 어둑새벽의 동녘 하늘을 바라보며 찬양하고 있었다.

> "나의 갈 길 다 가도록 예수 인도하시니
> 내 주 안에 있는 긍휼 어찌 의심하리요
> 믿음으로 사는 자는 하늘 위로받겠네
> 무슨 일을 만나든지 만사형통하리라
> 무슨 일을 만나든지 만사형통하리라…."

새벽 기도할 때마다 즐겨 부르는 찬송이다. 그때 내 눈앞에 보이는 밭 복판에 무덤이 하나 있었다.

"아니, 저기 웬 무덤이야?"

어두컴컴한 중에서도 무덤 위에 자라난 파란 잔디가 선명하게 보였다. 어릴 때부터 나는 무덤을 유난히 무서워하였다. 내가 들은 옛날이야기 대부분이 무덤에서 귀신이 나온다고 하였기 때문이다.

그래서 그런지, 아니면 원래부터 마음이 약해서 그런지 잘 모르지만, 아무튼 나는 무덤을 보고 발길을 돌리게 되었다. 신작로 옆에 있는 우리 집으로 돌아가기 위해서였다.

그때 사람들이 우르르 몰려들었다. 그들은 버스에서 방금 내린 듯이 보였으며 모두 순례자였다. 등산복 차림에 운동화를 신은 사람들도 있었다. 그들을 보는 순간 나도 모르게 수건으로 내 입을 가리게 되었다.

그들 가운데 유독 내 눈에 띈 자매가 있었다. 그녀의 얼굴에 잔잔한 미소와 평화가 감돌았다. 그것으로 그리스도인이라는 사실을 금방 알 수 있었다.

아닌 게 아니라 그 자매가 내 앞으로 다가오더니 미소를 지으며 반갑게 인사를 하였다. 주 안에 있는 그리스도인으로서 반가움의 표시였다. 그리고 내 귀에다 입을 살짝 대고 살며시 한마디 하고 지나갔다.

"나의 갈 길 다 가도록 예수 인도하시니."

그 자매의 마음은 기쁨과 즐거움으로 가득 차 있었다. 마음 문이 활짝 열려 있어 얼굴은 더욱 예쁘게 보였다. 그야말로 세상에서 보기 드문 아름다운 모습이었다.

그리고 여러 사람 틈바구니에서 역시 그리스도인으로 보이는 한 형제가 있었다. 그가 말했다.

"아니, 찬송가 소리잖아?"

하면서 의외라는 듯이 주변을 두리번거렸다. 그러다가 나를 발견하고 내 앞으로 다가와 서둘러 한마디 하고 지나갔다.

"나의 갈 길 다 가도록 예수 인도하시니."

그렇게 순례자들이 다 지나간 후 나는 집에 도착하였다. 그런데 무슨 상을 당한 듯하였다. 자매들이 상복을 입고 분주히 움직이는 모습이 보였다.

"아니, 누가 죽기라도 했단 말인가?"

"이 집 주인이…"

그때 나는 내 아버지가 생각났다. 며칠 전에 아버지가 계신 집을 다녀왔는데, 그때 아버지의 얼굴에 검버섯이 많이 생긴 것을 보았다. 그래서 내심 걱정하고 있었다. 몇 달 전 내 동창생 하나가 얼굴이 새까맣더니 세상을 떠났기 때문이다.

얼마 전까지 아버지는 매장을 원하셨다. 하지만 교회에 다니면서부터 화장하여 산에다 뿌리라고 하였다. 물은 무섭다고 하였다. 그래서 나는 조그만 땅이라도 하나 샀으면 하고 늘 생각하고 있었다.

아버지도 그렇고, 나도 그렇고, 내 동생도 그렇고. 사실 우리 집안에 땅이 한 평도 없는 실정이 아닌가? 몇 필지 가지고 있던 아버지의 땅도 내가 다 팔아 치웠기 때문이다.

그래서 나는 늘 부담을 가질 수밖에 없었다. 몇십 평 되는 땅이라도 하나 사서 나무를 심은 뒤, 그곳에 유골을 산골하면 어떨까 하고 생각하였다.

"아니야, 그럴 수 없어! 내 아버지는 물론이고 누구도 지금 돌아가시면 안 돼!"

속으로 이렇게 울부짖으며 재차 물었다.

"내 할머니의 아들 말이요?"

그렇게 다그치자 자매가 머뭇거리며 말했다.

"아, 아니에요! 할머니의 딸이요!"

그때 길 건너편에 있던 할머니의 가게에서 아버지가 걸어 나오는 모습이 보였다. 평소와 달리 얼굴에 기쁨이 넘쳤다. 발걸음 가볍게 사뿐사뿐, 마치 춤을 추듯이 하였다.

그리고 나에게 다가와 양손으로 내 두 손을 살포시 잡으며 다정스럽게 말했다. 얼굴에는 웃음이 가득하였다. 예전에 보지 못한 모습이었다. 그야말로 생전 처음 보았다.

"이리 들어오너라. 내가 너에게 전해줄 것이 있다."

하면서 나를 큰방으로 데리고 갔다. 문틀 위 선반에 여러 가지 물건들이 항상 너절하게 놓여 있었는데 말끔히 치워지고 없어 의아하였다. 그곳에 장부책 한 권과 노트 한 권이 있었다.

"먼저 이걸 받아라. 모든 것을 여기 정리해 두었으니 읽어보면 알 것이다."

그리고 이어서 오토바이 한 대를 보여주며 말했다.

"이 오토바이는 보통 사람이 살 수 없는 것을 내가 어렵게 샀다. 아마 4번째로 샀을 것이다. 읍내 다닐 때 사용하면 좋을 것이다."

하고 오토바이 타는 법까지 가르쳐주었다. 그런데 오토바이를 탈 때는 뒤쪽 바퀴가 양쪽으로 나와서 세 발 오토바이가 되었고, 세워둘 때는 뒤쪽 바퀴가 모여 두 발 오토바이가 되었다. 새로 나온 오토바이라 모든 것이 새롭고 번쩍번쩍 빛이 났다.

"이것을 사놓고 제대로 타보지도 못한 채 내가 이렇게 되었다. 너희들이 다녀간 후 줄곧 오토바이에 신경을 썼다. 그런데 무엇보다도 중요한 것은, 공을 통 속에 넣어두고 그것을 찾느라 이제까지 헤매고 다녔지 뭔가?"

하면서 다소 아쉽다는 듯이 말했다. 그렇게 말하면서도 얼굴에는 그야말로 기쁨과 즐거움이 흘러넘쳤다. 시종일관 미소를 잃지 않았다. 하나님의 사랑에 가득 둘러싸인 듯하였다.

아버지는 그렇게 장부책과 오토바이를 나에게 인계하고 다시 밖으로 나갔다. 나는 정신이 없어 어리둥절하였으며 방 안에 그대로 남아 있었다.

그러자 아버지는 처마에서 잠시 걸음을 멈추고 두세 번 나를 돌아본 후, 다시 발걸음을 재촉하여 할머니 가게로 들어갔다.

그때 나는 잠자리에서 일어나게 되었다. 시계를 보니 1시였다. 꿈 치고는 너무 생생했다. 무엇인가 계시가 깃들어 있다는 사실을 알고 간절히 기도하였다.

"내 아버지 하나님이시여, 주님의 뜻을 이루소서. 하지만 종의 생각이 하나님 아버지 보시기에 악하지 않고, 종의 아버지가 하나님 아버지 보시기에 악하지 않거든, 종의 아버지에게 긍휼을 베풀어주소서.

히스기야가 하나님 아버지의 긍휼을 입어 15년간 생명을 연장받은 것처럼, 종의 아비에게도 그와 같은 은혜를 베풀어주소서. 아멘." (2009. 4. 19)

1024. 상처받은 개

주의 일을 하다가 집으로 돌아가고 있었다. 그때 우리 집 개가 학교 울타리, 그러니까 개나리 그루터기에 탱탱 감긴 모습이 보였다. 그 와중에서도 개는 꼬리를 흔들며 나를 반겨주었다. 그런데 이상야릇한 소리를 냈다.

"어~ 휴 힘들어. 아~ 자 힘들어. 힘들어…."

그래서 자세히 보니 끈만 꼬인 것이 아니라 눈과 코, 입 등에 찰과상과 타박상을 입었다. 무슨 둔기로 크게 얻어맞은 듯했다.

어쩌면 누군가에 의해 마구잡이로 던져진 돌에 맞았을 수도 있었고, 아니면 무슨 짐승과 싸우다가 심하게 다친 것인지도 몰랐다. 하지만 다행히 누군가에 의해 소독이 되고 약이 발라져 있었다.

"오, 주여! 우리 개를 긍휼히 여겨주소서. 이 고통을 덜어주시고 깨끗이 치유하여 주소서."

그리고 일어나 보니 새벽 4시 19분이었다. 상처받은 그 개가 고양이에게 할퀸 내 모습 같았다. 어제 막 꾸민 우리 예배당처럼 보이기도 하였고, 멀리 떨어져 사는 내 아이들같이 느껴지기도 하였다. 그래서 더욱 간절히 기도하였다.

새벽기도를 마치고 다시 자리에 누웠더니 비몽사몽 중에 환상이 이어졌다. 다행히 상처받은 개는 건강을 회복한 듯이 보였지만, 3마리 가운데 1마리는 보이지 않았다.

그런데 낯선 개 1마리가 우리 집 얼룩이를 눕혀놓고 꼼짝달싹 못 하게 했다. 서로 으르렁거리며 싸우고 있었지만, 얼룩이가 사태를 호전시키기에는 역부족으로 보였다.

그때 황구가 급히 달려오는 모습이 보였다. 다소 안심이 되었다. 황구의 덩치는 보통 개의 2배나 되었고 먹는 것도 2배나 먹었다. 힘도 장사였다. 얼룩이는 우리 집 암캐이고 황구는 우리 집 수캐였다.

그동안 이래저래 준비한 짐을 챙겨 길을 떠나려고 하였다. 이동 수단은 자전거였고 나와 자매가 함께 타고 있었다. 그런데 출발하는 지점이 오르막길 중간쯤이었다.

그리 신통치 못한 자전거에 두 사람이 짐까지 싣고, 페달에 힘을 제대로 가하지 못하는 의족에다, 오르막길 중간에서 출발하려고 하였으니 그야말로 5중고였다.

아닌 게 아니라 힘을 다해 페달을 밟으며 시도하였지만, 한 걸음도 올라가지 못한 채 뒤로 밀려나고 말았다. 뒤로 미끄러지면서 생각하였다.

'모든 것을 다 버리는 한이 있어도, 사람만은 다치지 않도록 해야 한다!'

그래서 가급적 천천히, 그리고 안전하게 넘어지려고 하였다. 그것이 최선의 길이었다. (2009. 4. 21)

1025. 돌부리 발부리

얼마 전부터 하나님의 뜻으로 보이는 징조들이 자주 일어났다. 기분이 매우 언짢았다. 그런 일이 있을 때마다 무엇인가 좋지 않은 것이 생길지 모른다는 생각이 들었다. 찜찜한 마음을 금할 수 없었다.

철망에 든 고양이를 꺼내 자루에 담으려다 한 마리는 놓치고 한 마리는 겨우 붙잡았다. 그때 고양이가 내 팔목을 할퀴어 병원에 가서 주사도 맞고 치료도 받았다.

그 상처가 어느 정도 낫는가 싶었더니 전화선을 연결하다가 팔뚝이 긁혔다. 고춧대를 만들다가 솔가지에 손바닥이 찔렸다. 괭이질하다가 엄지손가락 등에 물집이 잡혔다. 군불을 때다가 팔목이 또 긁혔다. 목욕하다가 자빠져 왼손 장지에 멍이 들고 오른쪽 손가락 2개의 첫마디 안쪽이 움푹 파였다.

그리고 오밤중에 지네에 물려 응급실로 가서 주사를 맞았다. 게다가 꿈자리도 계속 나빴다. 오랫동안 공들여 만든 작품에 먹물이 튀기는가 하면, 바둑을 두다가 이적수를 놓아 상대방에게 기회를 주기도 하였다.

이렇듯 나도 모르게, 그 무엇이 시도 때도 없이 나를 힘들게 만들었다. 어쩔 수 없이 반복되는 어려움으로 인해 내 마음은 무겁기만 하였다.

그러다가 믿을 만한 하나님의 계시가 주어져서 위로를 받았다. 그 모든 상처가 무슨 효과를 발휘하여 튼튼한 기념 액자로 만들어졌다. 그 기간이 무려 14년이 걸렸다.

"앞으로 14년이면 내 나이가 68세 아닌가? 그 나이에 무엇을 할 수 있을까? 어쩌면 지나간 14년일 수도 있고."

오늘 밤도 예외가 아니었다. 숙면을 취할 수 없었다. 그야말로 밤새도록 비몽사몽 가운데 힘겨운 시간을 보냈다. 그러다가 꿈을 꾸었다.

한 액자가 벽에 걸려 있었다. 액자틀에 내 실수와 실패 등으로 인한 상흔이 빼곡히 들어 있었다. 액자틀 주변에도 내 핸디캡이 기록되어 있었다.

그런데 새벽녘에 액자틀을 감싸고 있던 글들이 갑자기 보이지 않았다. 글은 사라지고 틀만 남아 있었다. 글자가 지워졌거나 액자틀이 뒤집힌 듯하였다.

그 액자는 아주 견고하게 보였다. 핸디캡으로 보수한 틀이라 결코 약하지 않았다. 그러고 보니 내 핸디캡이 그 액자를 견고히 하는 틀이었다.

그때 돌부리를 차면 발부리만 아프다는 속담이 생각났다. 지난날의 시름을 모두 잊고 하나님께 감사드리게 되었다. (2009. 5. 9)

1026. 슬픔의 동지

교회를 설립하고 한 달이 되었다. 어제 3명의 손님이 찾아왔다. 예수님의 작은 친구들이었다. 모두 교회에 다니는 형제들로서 각자 한두 가지씩 핸디캡을 가지고 있었다.

첫째 손님은 그야말로 요즘 세상에서 보기 드문 사람이었다. 이빨은 빠져 하나도 없고 말은 어눌했다. 얼굴은 새까맣고 작았으며, 굵은 주름살이 덮혀 쪼글쪼글하였다. 여기저기 떠돌아다니며 부평초같이 살아가는 집시였다.

그는 자신의 부모가 누구인지, 고향이 어디이며, 나이가 몇 살인지도 몰랐다. 주민등록증이나 건강보험증을 가져본 적이 없었다. 어느 집에서 머슴으로 살다가 너무 힘들어 도망을 쳤다고 했다.

품삯은 고사하고 매만 맞고 살았으며, 어제 아침에도 일어나 보니 코피가 터졌다고 하였다. 일도 좋지만, 교회에서 며칠간 푹 쉬라고 하였다.

기침을 심하게 하여 내가 먹는 감기약을 주었더니 먹고 조금 나은 듯하였다. 한 봉지 더 달라고 하여 주었더니 물도 없이 그냥 날름 삼켜버렸다.

그가 아는 것이라곤 자기 이름뿐이었다. 삼척, 청송, 영양, 영덕에서 남의 집 허드렛일을 하며 수십 년을 살았다고 했다. 하지만 어느 누구도 그를 거들떠보지 않았다.

마을 할머니들의 말에 의하면, 그와 같은 사람이 다리 밑에서 여럿 살았으나, 이제 다 죽고 그만 홀로 남았다고 했다. 그러고 보니 그는 이 시대에 남은 마지막 각설이였다.

그는 강릉 홍계에 살던 누나 밑에서 살았다고 하지만, 면사무소에 의뢰하여 조회한 결과 홍계라는 동네는 없다고 하였다. 다만 강릉에서 대관령 방향으로 버스를 타고 한참 가면 횡계가 있다고 하였다.

그의 나이 너덧 살쯤에 어느 영감을 따라가 남의 집 머슴이 되었으며, 그곳이 영양 석보로 보이지만 구체적으로 어느 곳인지, 그를 데리고 갔던 영감이 누구인지도 몰랐다.

다만 잊지 못할 기억은, 주인이 말을 안 듣는다고 수시로 때렸던바, 뒤지게 맞고 오밤중에 도망을 쳤는데, 밤새도록 산을 타고 넘어온 곳이 바로 여기, 영덕 창수라고 하였다.

그리고 언젠가 자기 누나가 살던 곳을 찾아가 보았으나, 집은커녕 동네도 찾을 수 없었다고 했다. 그래서 강릉 터미널에서 하룻밤을 자고 다시 이곳으로 돌아오게 되었다.

너무 어릴 때의 일이라 누나의 이름이나 나이도 모른다고 하였다. 다만 누나의 딸이 윤선숙이라고 기억하였으나 그나마도 명확하지 않았다. 면사무소에서 공문으로 몇 달 동안 조회한 결과, 그 이름도 찾을 수가 없었다.

그러니까 지난 5월 7일, 면사무소 민원담당을 찾아가 내가 들은 대로 자초지종을 설명하고, 그를 인권 차원에서 도와달라고 하였다. 마침 우리 마을 이장도 볼일 차 면사무소에 들렀던바, 도움을 구했더니 최대한 협조하겠다고 하였다.

그리고 오늘 그를 데리고 다시 면사무소에 갔다. 지난번에 민원담당이 본인과의 상담이 필요하다고 하였기 때문이다. 담당이 회의 중이라 먼저 복지담당을 만나 협조를 구했다. 그러자 주민등록이 나오는 대로 최대한 도와주겠다고 약속하였다.

이어서 민원담당과 상담하였다. 하지만 그의 어릴 적 기억은 거의 없었으며 신빙성도 떨어졌다. 약 1시간 동안 상담한 후 담당이 난색을 보였다. 지적으로 약간 장애가 있어 더욱 그랬다. 그리고 먼저 경찰서에 찾아가 알아보라고 하였다.

그래서 면사무소에서 해결하기 어렵다면 우리가 할 수 있는 방법을 가르쳐달라고 하였다. 필요한 경우 증인도 세울 수 있다고 했다. 나아가 국민권익위원회나 보건복지부, 청와대 등에 민원을 제기하라면 그렇게 하겠다고 하였다.

요즘 세상에 신문이나 TV에 나올 일이라고 은근히 압력을 넣으며 강경하게 주장했다. 그러자 담당은 계장이 출장에서 돌아오면 상의 후 처리하겠다고 약속했다. 그리고 담당이 마지막으로 그에게 물었다.

"일하고 돈은 받습니까?"

"예, 받아요."

"얼마나?"

"주는 대로요."

"그래도 대강 얼마나?"

"만 원도 받고, 오천 원도 받고, 못 받을 때도 많아요."

요즘 하루 품삯은 4만 원이다. 일한 만큼 품삯도 제대로 받지 못할 뿐만 아니라, 인간 취급도 받지 못하고 하루하루 살아가는 사람이었다.

그를 도우라고 하나님께서 나를 이곳으로 보내셨다는 생각이 들었다. 그래서 사명으로 생각하고 어떻게 하든지 그의 주민등록증과 건강보험증을 만들어주기로 다짐하며 기도하였다.

그리고 우리 교회를 찾은 둘째 손님은 30살가량의 복합 장애인이었다. 그도 자기 나이를 기억하지 못했고, 학교에 다니지 않아 글도 몰랐다. 다리에 장애가 있고 눈도 사시였다.

한때 윤 씨와 관계가 소원한 적도 있었지만, 동병상련을 겪으며 나이를 초월하여 서로 의지하며 친하게 지냈다. 그의 아버지가 술로 돌아가신 후, 그의 어머니가 윤 씨와 잠시 동거를 하였으니 의붓아버지이기도 하였다.

그러다가 그의 어머니는 장애인인 그를 버리고 다른 사람과 재혼을 하였으며, 얼마 후 면사무소 직원의 도움으로 자기 어머니와 동생들을 찾아가 보았다고 했다.

그가 다니는 교회는 오후 2시에 예배를 드렸던바, 윤 씨를 따라 우리 교회에 와서 저녁 예배를 드렸다. 예배가 끝난 후 저녁을 같이 먹었다. 그도 컨테이너에 홀로 살고 있었던바, 고아와 다름없는 불우한 청년이었다.

셋째 손님은 인근 교회의 집사님이었다. 그는 덥수룩하게 수염을 기른 농사꾼이었다. 54세가 되도록 결혼을 하지 못했다. 이런저런 이야기를 2시간 정도 나누다가 돌아갔다.

이제껏 살아온 인생 이야기를 끝낼 줄 몰라서 강권하여 기도해주며 다음에 다시 듣자고 하였다.

"집사님, 집사님의 생각에 상대방을 맞추지 마시고 하나님께 맡겨보세요. 성경에 이런 말씀이 있습니다.

'너의 행사를 여호와께 맡기라. 그리하면 너의 경영하는 것이 이루리라.' (잠언 16. 3)

사실 하나님의 뜻이 제한을 받으면 하나님께서 도와주시고 싶어도 어렵습니다. 집사님의 생각을 내려놓고 전적으로 하나님께 맡겨야 합니다."

그러자 그는 한참 골똘히 생각하다가 돌아갔다. (2009. 5. 11)

1027. 생각의 잡초

봄비가 주룩주룩 내리고 있었다. 오랜 가뭄 끝에 내리는 비라서 반가웠다. 일어나 보니 새벽 3시가 가까웠다. 자매와 함께 밭으로 갔다. 씌워 놓은 비닐에 구멍을 뚫기 시작하였다.

고구마 심을 때가 되었지만, 비가 내리지 않아 기다리고 있었다. 물을 주며 심을 수도 있었지만, 마을에서 멀리 떨어져 비가 오기를 기다렸다. 나는 플래시로 비추고 자매는 비닐에 구멍을 뚫었다. 그런데 둔덕이 아니라 옆으로 드문드문 뚫었다.

"그러지 말고 가운데 촘촘하게 뚫어요! 마을 사람들을 보니까 복판에 한 줄로 빈틈없이 심었더라고! 그래야 적당한 것이 많이 달리지. 그렇지 않으면 큰 것 한두 개만 달린다는 것이야!"

그래도 자매는 내 말을 듣지 않았다. 고집이 말이 아니었다. 그리고 땅콩밭으로 갔다. 땅콩 순이 나오고 있었다. 구멍을 크게 뚫으라고 했지만, 그 말도 듣는 둥 마는 둥 하였다.

집으로 돌아와 텃밭에 심은 땅콩밭의 비닐도 뚫자고 하였다. 역시 내가 플래시를 비추고 자매가 구멍을 뚫었다. 거기서도 여전히 구멍을 작게 뚫었다.

"크게 뚫으라니까! 왜 말을 안 들어?"

"나한테 맡겨요. 내가 알아서 할 테니!"

"그러면 마음대로 해!"

하면서 플래시를 내팽개치고 교회당으로 발길을 돌렸다.

"도대체 왜 말을 듣지 않는 거야, 싸가지 없이!"

기도하려고 앉았지만, 가슴만 두근두근했다. 기도는커녕 분노만 치솟았다. 그때 하나님의 음성이 들려왔다.

"아들아, 고구마가 큰 것이 나오면 어떻고 작은 것이 나오면 어떠냐? 그게 무슨 대수란 말이냐? 고구마를 누가 자라게 하느냐? 또 땅콩을 조금 덜 수확하면 어떠냐? 무슨 큰일이라도 나느냐? 내가 맡긴 일은 제쳐놓고 먼지 같은 일에 집착해서야 되겠느냐? 생각의 잡초에 휘감겨 금쪽같은 시간을 쓴 뿌리에 박아서야 되겠느냐?"

그때 비로소 내 마음에 잔잔한 평화가 찾아왔다. 폭풍우같이 사납던 내 마음이 차분하게 가라앉았다. 벌떡거리던 가슴과 거칠던 호흡, 쿵덕거리던 맥박이 순식간에 정상으로 돌아온 듯하였다.

"할렐루야! 오늘도 이 부족한 종의 분노를 삭여주시니 감사합니다!"

(2009. 5. 12)

1028. 순한 닭

새벽에 다시 닭들의 비명이 들렸다. 나가 보니 붉은 암탉이 땅에 떨어져 있고 날개 사이에 숨었던 누런 족제비가 도망을 쳤다. 반갑지 않은 불청객이 벌써 3번째 찾아왔다.

처음에는 오골계 다리를 물어 외다리로 만들었고, 2번째는 붉은 암탉의 다리를 물어 절름발이로 만들었다. 오늘도 급히 나가 플래시를 비추자 족제비는 역겨운 냄새를 풍기며 서까래 사이를 비집고 달아났다.

땅에 떨어져 죽은 것처럼 보이는 닭을 유심히 바라보고 있었다. 그때 닭의 가슴이 벌렁거리더니 벌떡 일어났다. 한쪽 날개를 축 늘어뜨린 채 비틀거리며 걷기 시작하였다. 정말 모진 생명이었다.

그런데 자세히 보니 눈 하나가 없었다. 이번에는 머리가 물리면서 눈이 까진 듯했다. 그동안 거의 다 나아서 약간씩 절룩거리던 다리도 다시 물렸다. 다리를 물고 날개 속에 숨었던 족제비가 머리까지 물어 애꾸로 만들어놓았다.

3마리 중에서 유독 붉고 순한 닭만 계속 공격을 받았다. 붉은 닭은 순한 것 빼고 다른 닭과 다른 점이 없었다. 왜 순한 닭만 공격을 받는지 도무지 모르겠다.

아침을 먹고 닭장 주변을 다시 보강하였다. 철망으로 서까래 사이의 빈 구멍을 모두 메웠다. 사후약방문(死後藥方文)이요, 소 잃고 외양간 고치는 격이었다. (2009. 5. 19)

1029. 사람의 향기

점심을 먹고 한숨 푹 자고 일어났다. 특별히 하는 일도 없이 이래저래 피곤하였다. 그리고 오랜만에 글을 쓰려고 컴퓨터 앞에 앉았다. 그때 밖에서 인기척이 들렸다. 이웃집 아줌마가 찾아왔다.

"목사님, 빨리 나와 보이소!"

그래서 문을 열고 나갔더니 마루에 털썩 주저앉으며 하소연하였다.

"윤 씨 쫓아내야겠어요. 아무래도 안돼요!"

"왜요? 또 무슨 일이 있나요?"

"말을 들어 처먹어야지요. 말을!"

그리고 당장 쫓아내겠다고 하였다. 다시 한번 잘 타일러보고, 그래도 정 안 되겠다 싶으면 그때 보내라고 재삼재사 부탁하였다.

윤 씨의 주민등록증을 만들기 위해 그 아줌마의 아래채를 빌려 당분간 거기서 살게 하였다. 일정한 주거지가 있어야 군청에서 실사를 나올 수 있고, 인우 보증을 세워 법원에 일가 창립을 신청할 수 있었기 때문이다.

그는 정말 주님이 말씀하신 가장 작은 자였다. 어찌 보면 서너 살 정도의 어린아이 같을 때도 있다. 지적 능력이 많이 떨어졌다. 사람들은 배운 것이 없어서 그렇다고 하지만, 이제까지 남의 집 머슴으로 살면서 눈치만 배워서 그런지도 몰랐다.

이 교회 저 교회를 나가기는 하였으나 밥 한 끼 먹기 위한 수단이었다. 진지한 신앙심은 거의 없었다. 나름대로 열심히 일한다고 하였지만, 마무리하지 못해 품삯을 받지 못하기 일쑤였고, 자기 딴에는 지혜롭게 산다고 하였으나 미련하기 짝이 없는 행동만 하였다.

윤 씨는 이달부터 그 아줌마 아래채에서 살기 시작했다. 호적을 만들 때까지 눈 딱 감고 넉넉잡아 1년만 살라고, 그다음부터는 배급을 받을 수 있다고 만날 때마다 타일렀다.

지난 몇 달간 아곡이라는 이웃 동네에서 일했다고 하였다. 그러다가 너무 힘들어 도망쳐 나왔다고 하였다. 품삯은 고사하고 주인을 만나면 맞아 죽을지도 모른다고 하면서 겁을 잔뜩 먹고 있었다.

그 소문이 동네방네 자자히 퍼지자, 아줌마와 윤 씨, 그 주인을 모두 잘 아는 고물상 아저씨가 나섰다. 단 얼마라도 품값을 받아주겠다고 하였다. 하지만 품값은 고사하고 그동안 먹여준 밥값을 내놓으라고 하여 빈손으로 돌아왔다.

윤 씨는 오늘까지 3일 동안 그 아줌마 집에서 일했다. 묵은 밭을 일구어 고구마도 심고, 경운기를 끌고 산에 가서 땔나무도 해왔다. 오늘 오후에도 2번에 걸쳐 나무를 하였다. 다른 일은 몰라도 경운기만은 잘 몬다고 모두 칭찬하였다.

그리고 변소를 푼다든지, 상갓집 일과 같이 궂은일은 그런대로 하였지만, 다른 일은 제대로 하지 못했다. 그래서 윤 씨의 품삯은 다른 사람에 비해 월등히 싸거나 하루 세 끼 밥만 먹여주는 정도였다.

그 아줌마가 다시 말했다.

"글쎄 나무를 해왔기에 집 앞에 있는 풀을 뽑으라고 시켰더니, 뭐라고 씨불씨불거리며 짜증을 내다가 5천 원만 달라고 졸랐어요. 일하다가 무슨 돈이냐고 나무랐더니 그냥 어디로 가버렸어요."

이렇듯 윤 씨는 일은 일대로 하면서 제대로 대우를 받지 못했다. 순간순간 대처 능력이 떨어졌기 때문이다. 어쩌면 하나님과 사람 앞에서 나와 매우 비슷하다는 생각이 들었다.

윤 씨는 약속도 잘 지키지 않고 거짓말도 자주 하여 신의가 없었다. 한창 바쁘게 일하다가 돈만 주면 사라져버리는 투명 인간에게 누가 제대로 품삯을 주겠는가? 일해 주겠다고 약속하고 선불로 받아간 돈도 갚지 않고 일도 해주지 않으니 누가 믿겠는가?

그리고 윤 씨는 돈이 생기면 생기는 대로 다 쓴다. 필요한 데 쓰는 것이 아니라 다방에 가서 커피를 마시며 아가씨에게 팁으로 준다. 돈이 많으면 많은 대로, 적으면 적은 대로 그렇게 다 쓴다.

　오랫동안 홀로 살다가 보니 외로움도 컸을 것이고, 그 어디서도 사람다운 취급을 받지 못했으니 그럴 수도 있었다. 오직 일을 위한 일의 도구로만 여김을 받았고, 일상생활에서 인격적인 대우를 받지 못하였다.

　그래서 그는 돈만 생기면 찾아가는 곳이 다방이었다. 비록 돈으로 사는 인격적 대우와 사랑이었지만, 그에게는 그것이 가장 큰 기쁨이요, 즐거움이었다.

　"에이, 오빠! 나도 만 원만 줘."

　"오빠, 오빠! 나도! 나도!"

　"헤헤헤, 그래. 여기!"

　사실 윤 씨는 다방에만 가면 웃음꽃이 만발하였다. 그에게는 그것이 유일한 행복이요, 그곳이 바로 천국이었다. 그래서 그는 커피를 좋아하게 되었다.

　다방에서 커피를 마심으로써 자기도 떳떳하고 돈 있는 사람임을 드러내고 싶었다. 사실 그에게는 돈과 아가씨가 모든 것이었다. 그래서 돈만 생기면 일을 하다가도 내팽개치고 다방으로 달려가기 일쑤였다.

　그는 우리 옆집에 사는 할머니를 자주 찾아온다. 가기만 하면 밥도 차려주고 잠도 재워주었으며 담뱃값도 주었기 때문이다. 하지만 사랑을 받기만 하고 베풀 줄은 몰랐다. 어느 때는 배은망덕하여 할머니를 섭섭하게 만들기도 하였다.

　그리고 그는 눈치가 남다르게 빠르다. 자기에게 좀 친절히 대해 주는 사람을 만나면 담뱃값 떨어졌다고 조른다. 그는 지금도 나를 만나기만

하면 으레 이렇게 인사한다.

"목사님, 딱 만 원만 빌려주세요. 여자들 만나서 다 뺏기고 한 푼도 없어요."

그리고 상대방이 누구냐에 따라서 그 인사말이 유효적절하게 바뀐다.

"저, 담뱃값 2천 원만 좀 주세요."

"할매요, 나 담뱃값 5천 원만."

그래서 나는 본의 아니게 그만 만나면 채권자가 된다. 돈이 있을 때는 상관이 없지만, 어쩌다 돈이 떨어지고 없을 때는 정말 난감하다. 살다 보니 채무자나 채권자가 힘들기는 다 마찬가지였다.

오늘도 윤 씨는 지난 2일간 품삯 2만 원을 가지고 있었다. 담뱃값이 없다는 핑계로 아줌마에게 5천 원을 더 달라고 졸랐지만 일언지하에 퇴짜를 맞았다.

그러자 2만 원만 가지고 다방 아가씨를 만나려고 갔다. 자기 딴에는 총알을 더 마련하려고 시도했지만, 아줌마가 만만치 않게 나오자 욕을 하고 그냥 달아난 것으로 보였다.

이처럼 윤 씨는 돈만 생기면 다방 아가씨에게 갖다 주고 위장 대접과 거짓 사랑을 한껏 받는다. 하지만 어쩔 것인가? 윤 씨도 사람인 것을!

그래서 나는 윤 씨가 배급을 받게 되었을 때 통장을 만들어주면서, 한동안 실컷 쓰도록 아무 간섭도 하지 말고 그냥 두라고 일러주었다.

한때 우리는 예배를 드릴 때마다 천 원짜리 새 지폐를 교회당 입구에 놓아두었다. 윤 씨와 같은 사람의 헌금을 위해 그렇게 하였으나 별 효과를 거두지 못했다. (2009. 5. 19)

1030. 목장갑

어느 마을에서 남의 밭을 빌려 무엇을 심으려고 하였다. 그런데 땅이 말이 아니었다. 비닐 조각과 나무 부스러기, 온갖 그루터기와 크고 작은 돌멩이들이 빼곡히 박혀 있었다.

그러나 우리 일꾼들에 의해 하나씩 둘씩 치워지고 다듬어지더니 제법 쓸 만한 땅이 되었다. 이어서 나무도 심고 씨앗도 뿌려지는 모습이 보였다.

그때 어디서 누가 보낸 선물이 도착하였다. 뜯어보니 목장갑이었다. 밭에 깔고도 남을 정도로 엄청 많았다. 마을 사람들에게 나눠주었더니 그동안 소원한 관계가 회복되었다. (2009. 5. 20)

1031. 인생 교차로

가난한 농부의 아들로 태어나 대통령직까지 수행한 사람이 자살하였다. 나름대로 권위주의를 타파하고 청렴하게 국정을 수행하였다. 퇴임후 평범한 농민으로 돌아가 고향에서 살던 사람이, 검찰과 언론의 집중포화를 받다가 결국은 투신하였다.

온 나라가 애도의 물결에 휩싸였다. 그야말로 부패하고 사악한 자들은 호의호식하고 향락을 즐기며 살아가는 마당에, 그나마 클린 대통령으로 알려진 사람이 그렇게 되어 참으로 안타까운 마음이 들었다.

그런데 그의 유서 가운데 한 구절이 내 눈에 크게 띄었다. 불교 사상에서 나온 말이었으나 그 의미는 깊었다.

'삶과 죽음이 자연의 한 조각 아니겠는가?'

언뜻 보면 정말 맞는 말 같고 의미가 깊은 말 같았다. 모든 사람이 자연에서 태어나 자연으로 돌아가니 말이다. 어쩌면 우리의 인생도 창창대해에 떠 있는 일엽편주가 아닐까? 물 위에 둥둥 떠서 정처 없이 떠돌다가 사라지는 부평초와 같지 않을까?

하지만 인생은 그렇게 무의미하지 않다고 본다. 하나님께서 우리를 창조하여 이 땅에 보내신 목적이 분명히 있을 것이기 때문이다.

오늘 설교는 '마음의 평안'이었다. 오래전 다른 사람이 설교한 것을 각색하였다. 우리에게 평안을 주시는 분은 오직 예수 그리스도시며, 불안을 조성하는 세력은 사탄이다.

예수님을 영접하지 않으면 참 평안이 없다. 늘 불안하고 초조할 수밖에 없다. 마음이 불안하면 온몸이 늪에 빠지기 마련이다. 그때 사탄이 우리 마음에 침투하여 '살자'라는 생각을 '자살'로 바꾸어 놓는 것이다.

며칠 전 그 대통령을 방문했다는 그의 친구에 의하면, 그때 이미 얼굴의 표정이 달랐다고 한다. 사탄이 그의 생각을 지배하고 있었다.

사실 얼마 전에 우리 집을 방문했던 집주인도 표정이 안 좋았다. 그래서 뭔가 이상하다고 생각했더니 결국은 돌아가셨다는 소식을 들었다.

또 요양원에 계시다가 잠시 다니러 온 옆집 할머니의 얼굴을 보고 이상하다고 생각했더니, 그 할머니 역시 얼마 있다가 돌아가셨다.

그런데 그 대통령이 예수 그리스도를 영접했다면 어땠을까? 그 안에 우리 주님의 평안이 있었다면, 그리 쉽게 자살이라는 극단적 선택은 하지 않았을지도 모른다.

그 어떤 어려움이 닥쳐도 의연하고 당당하게 대처하였을 것이다. 삶과 죽음을 자연의 한 조각으로 보지는 않았을 것이다. 그가 말한 운명의 장난이 그야말로 장난을 치지 못했을 것이다.

사실 자살은 마음의 평안이 깨어질 때 찾아오는 순간적 정신병이다. 궁극적 평안은 예수 그리스도가 주시는 것, 그래서 예수님이 말씀하셨다.

"내가 너희에게 평안을 주고 간다. 곧 내 평안을 너희에게 준다. 내가 주는 평안은 세상이 주는 것과 같지 않다. 너희는 마음에 근심하지 말고 두려워하지 말라." (2009. 5. 24. 주일)

1032. 새로운 역사

새벽녘에 '483'과 '243'이라는 2개의 숫자가 보였다. 새벽기도를 드리며 그 숫자에 대해 묵상하였더니, 48년 3월과 24년 3월로 다가왔다.

그렇다면 48년 3월은 무엇이며 24년 3월은 무엇인가? 또 둘을 더하면 72년 6월이 되었다. 그러면 72년 6월은 무엇을 의미하는가?

그러니까 지난 2006년 3월 1일 수요일, 내 나이 50살이 되면서 공적 예배를 드리고 교회를 개척하였다. 제2의 인생을 시작한 만큼 70세까지 20년 동안은 헌신해야 한다는 생각이었다.

그러나 본의 아니게 차질이 빚어졌다. 지난 2009년 4월, 영덕 가산교회에서 정식으로 예배를 드리기까지 약 2년 6개월간 가정에서 예배를 드릴 수밖에 없었다. 물론 가정 교회도 교회이고 가정 예배도 예배지만, 지역 교회가 아니라는 부담이 있었다.

그렇다면 내가 20년간 공적으로 헌신하겠다는 약속이 2년 6개월 연장되었다는 뜻은 아닐까? 가정 예배의 기간을 포함하여 22년 6개월간 사역하라는 뜻인가?

하지만 나는 그 기간을 앞당겨 65세에, 그러니까 2021년 3월에 조기 은퇴할 마음을 먹고 있지 않은가? 그런데 오늘 보인 숫자와 내 사역 기간이 무슨 관련이 있을까? 연관이 있다고 한들 그걸 내가 어떻게 알겠는가?

어쩌면 48년 3월은 내가 주님의 부름을 받기 전에 살았던 기간이고, 24년 3월은 주님의 부름을 받은 후 사역할 기간은 아닐까?

그래서 내가 72년 6월까지 산다는 뜻은 아닐까? 이 또한 내가 무슨 수로 알겠는가? 내가 유대인들처럼 숫자에 너무 상징적 의미를 부여하는 것은 아닐까?

그래, 장고 끝에 악수 난다는 말이 있다. 주님의 뜻이라는 핑계로 부질없는 생각에 사로잡히지 말아야 한다. 우리의 생각은 사탄이 지배하기 쉬운바, 주님의 뜻을 알려다가 사탄의 함정에 빠질 수 있다.

이제는 정말 주님을 실망시켜드려서는 안 된다. '지금도 힘이 드는데'라는 따위의 말은 더 이상 하지 않도록 하자. 내 인생을 통째로 바치고 전적으로 헌신하자. 주님의 뜻에 따라 그 품에 안길 때까지. 헌신의 길을 묵묵히 걸어가자.

그래, 오늘도 나는 새로운 역사를 쓰고 있다. 내일 일은 내일에 맡기고 오늘은 오늘의 역사를 써야 한다. 날마다 하루하루 새로운 역사를 써야 한다.

'내일 일은 난 몰라요 하루하루 살아요.

불행이나 요행함도 내 뜻대로 못해요.

험한 이 길 가도 가도 끝은 없고 곤해요.

주님 예수 팔 내미사 내 손 잡아주소서.

내일 일은 나 몰라요. 장래 일도 몰라요.

아버지여 날 붙드사 평탄한 길 주소서.'

이때 나도 모르게 내 눈에서 눈물이 핑 돌았다.

"오, 주여! 저에게 다시 한 번 헌신할 수 있는 기회를 주시니 감사합니다. 지금 있는 이대로 저를 받아주소서. 아멘." (2009. 5. 25)

제33편

인생 조각보

1033. 터닝 포인트

어딘가 모르지만, 목적지를 향해 열심히 달려가고 있었다. 길이 점점 좁아지고 험해졌다. 막다른 4거리가 나왔다. 앞에 산이 가로막혀 있었다. 산언저리에 사람들이 옹기종기 모여 살았다.

산동네로 올라가는 길이 보였다. 길이 좁고 꾸불꾸불했다. 군데군데 허술한 계단도 눈에 띄었다. 차는 물론이고 경운기나 리어카도 올라갈 수 없었다.

산 아래쪽에 소형차가 겨우 지나다닐 정도의 길이 있었다. 양옆으로 허름한 빌라와 상가들이 즐비하였다. 어느 도시 외곽 지역으로 보였다. 어디로 가야 할지 정말 난감했다. 물어볼 만한 사람도 없었다.

일단 우회전하여 조금 가다가 차를 세웠다. 지나가는 행인에게 물어보았다. 4거리로 다시 돌아가 우회전하라고 일러주었다.

"아니, 그 길로는 차가 못 올라가잖아요?"

"물론이지요, 걸어서 올라가야 합니다."

그래서 4거리로 돌아가 차를 세워두고 걸어 올라가기 시작하였다. 산동네로 접어들었다. 좁은 길이 점점 더 좁아졌다. 가파른 비탈길의 돌계단이 허물어져 금방이라도 돌이 굴러갈 듯하였다.

혹시 잘못하여 돌이 굴러가면 아래 있는 사람들이 다칠 것 같아 조바심이 났다. 오르내리는 사람은 그리 많지 않으나 길 주변이 매우 어수선하였다.

사방에 흩어진 쓰레기며 강아지와 닭들까지 길거리에 돌아다녔다. 아이들의 놀이터이자 어른들이 휴식처였다. 할아버지와 할머니들이 삼삼

오오 길가에 모여 담소하는 모습이 보였다.

길 가운데서 당구를 치는 젊은이들도 있었다. 위쪽으로 올라가니 당구치는 사람들이 또 있었다. 그렇지 않아도 좁은 길을 당구대가 거의 다 차지하고 있었다. 위는 낮추고 아래는 돌을 괴어 비탈길의 수평을 맞추어놓았다.

당구를 치기는 하였지만, 불안하기 그지없었다. 행인들은 몸을 비틀어 당구대를 잡고 깨금발로 벽에 등을 문지르며 지나갔다.

모든 것이 조마조마하여 조바심을 피울 수밖에 없었다. 혹시 당구대를 넘어뜨리게 되면 우락부락한 젊은이들이 시비를 걸지 모른다는 생각에 더욱 불안하였다.

그렇게 산동네를 지나 산등성이에 올라서게 되었다. 다소 넓은 평지에 꽤 큰 마을이 있었다. 도로에 자동차도 다녔고, 길가에 식당도 보였다. 그 식당을 보는 순간 시장기가 들어 밥을 먹으려고 들어갔다.

그때 비로소 생각이 났다. 불과 얼마 전에도 똑같은 일로 거기까지 올라갔다가, 그 식당에서 밥만 먹고 돌아간 적이 있었다.

'그래, 맞아! 바로 여기가 거기야! 내가 왜 진작 기억하지 못했을꼬? 여기까지 왔다가 그냥 돌아갔잖아. 거기까지 걸어가기도 힘들 뿐만 아니라, 오늘 도착한다고 해도 오밤중이나 될 거야.

그러니 도로 내려가 차를 가지고 가야 해. 좀 돌아도 그렇게 하는 것이 좋아. 어차피 오늘 중으로 일을 보지 못한다면, 차를 가지고 가야 내일 돌아올 때도 편하고.

조금 질러간다고 걸어갔다가 다시 걸어온다는 것은 정말 어리석은 일이야. 내가 지난날을 기억하지 못해 헛걸음했어. 그래, 조금 늦어도 다시

내려가 차를 가지고 돌아가자.'

그리고 발걸음을 돌려 다시 산동네로 내려가기 시작하였다. 혹시 길가에 나뒹구는 돌멩이를 건들까 노심초사하며 조심조심 내려갔다. 돌이 구르면 아래쪽 4거리까지 일사천리로 내려갈 것 같았다.

그래서 올라갈 때보다 내려가는 것이 더욱 조심스러웠다. 그렇게 거의 다 내려갔을 때 길에서 당구를 치던 사람들이 나를 불렀다.

"내려가시는 길에 이것 좀 돌려주세요. 반납할 시간이 다 돼서요."

하면서 당구공 2개를 건네주었다. 붉은 공 하나와 흰 공 하나를 비닐 봉지에 싸서 주었다. 그것을 받아들고 아래쪽 평지까지 내려갔다. 그런데 언제 변했는지 당구공이 볼링공만큼 커져 있었다.

버스 정류장으로 보이는 한쪽에 다소 큰 당구장이 있었다. 급히 들어가 돌려주려고 하였더니, 어떤 사람이 지켜보고 있다가 소리쳤다.

"그쪽이 아니고 저쪽에 있는 2층 당구장이야!"

그래서 뒤로 돌아가 보니 2층으로 올라가는 계단이 있었다. 서둘러 2층으로 올라가 문을 열자 주인이 기다렸다는 듯이 말했다.

"어서 이리 줘. 아슬아슬하게 시간을 맞춰 가져왔군. 좀 여유 있게 가져오면 안 되나?"

빈정거리는 주인을 뒤로하고 급히 내려가 자동차를 타려고 갔다. 시간을 아끼기 위해 밖으로 돌지 않고 건물을 가로질러 가려고 하였다. 그곳은 은행 창구처럼 보였다.

그때 신사복 차림의 두 남자가 어깨에 힘을 잔뜩 주고 뻣뻣한 모습으로 다가왔다. 무슨 일인지 모르지만 내 길을 방해하려는 듯하였다.

신병의 위험을 느껴 가만히 있을 수가 없었다. 그중에 한 사람의 멱살을 잡고 넘어뜨리며 소리를 질렀다.

"바로 이 자들이야. 빨리 경찰을 불러요!"

그러자 창구 여직원이 즉시 대답했다.

"알았어요!"

하면서 마치 기다렸다는 듯이 기민하게 움직였다. 주변의 손님들도 몰려와 힘이 되었다. (2009. 5. 26)

1034. 참깨

참깨밭을 쭉 둘러보고 있었다. 참깨는 나오지 않고 흙만 수북이 쌓인 곳이 눈에 띄었다. 흙을 파보니 그 속에 작은 공간이 있었고, 제법 크게 자란 참깨도 있었다.

"이런, 흙 속에 묻혀 있었네."

하면서 참깻잎을 만져보니 이게 웬일인가? 폐비닐 조각 위에 얹힌 몸통 없는 이파리였다.

"아니, 허깨비였네!"

하고 떨어진 이파리와 비닐 조각을 치워버렸다. 그러자 아래쪽에 어린 참깨들이 무성히 자라고 있었다.

"야, 진짜 참깨다!"

하며 환호를 질렀다. 이는 낮잠을 자면서 본 환상이다.

평소 4시 25분에 일어나 세수하고 5시에 새벽예배를 드린다. 이어서 1시간 기도하고 7시쯤에 다음날 예배를 준비한다. 그리고 밖으로 나가 개밥과 닭 모이를 주면서 일과를 시작한다. 10시 전후에 피곤함을 느끼고 1시간가량 낮잠을 잔다. (2009. 5. 27)

1035. 미림과 혜림

'미림과 화해의 손길, 혜림의 구원을 성취!'

무슨 영감이 깃든 구절로 보였다. 사전을 찾아보니 미림(美林)은 '계수나무 숲'이나 '아름다운 숲'을 의미하고, 혜림(惠臨)은 '은혜를 베풀고 돌보라'는 뜻이었다.

그렇다면 전체적으로 이런 뜻이 되지 않는가?

'아름다운 숲에 화해의 손길을 펴서 은혜를 베풀고, 그것을 돌봄으로써 구원을 성취하라!'

하지만 그에 따른 뜻을 어찌 다 알겠는가? (2009. 6. 10)

1036. 희망의 씨앗

야생 고양이가 늘어 환경 파괴가 심각하였다. 군청에서 개체 수를 줄

이기 위해 안락사를 시키거나 거세하는 사업을 시행하였다. 그래서 오늘도 포획한 고양이를 면사무소에 갖다 주면서 민원계장을 만났다.

윤 씨의 호적을 찾아달라고 요청한 지 한 달이 넘었으나 여전히 해결책을 찾을 수 없다고 하였다. 그런 사례가 전혀 없다는 것이 이유였다. 그러면서 나와 같이 방법을 찾아보자고 하였다.

그래서 내가 직접 그 방법을 찾아보려고 우선 국민신문고를 통해 서신을 보냈다. 어떻게 하든지 윤 씨의 호적을 만들어주고 싶었지만, 그 절차를 몰랐기 때문이다.

"다름이 아니라 영덕에서 교회를 개척하여 섬기다 보니, 어려운 이웃이 있어 도움을 청하려고 합니다. 그는 자기 부모도 모르고 형제도 모르며 나이도 모르는 '윤용재'라는 사람입니다.

키가 작고 얼굴이 쪼글쪼글하며 이빨이 없어 60세가 넘어 보입니다. 태어나 주민등록증을 가져본 적이 없으며 몸이 아파도 병원에 갈 수 없습니다.

그의 말로는 강릉 홍계에서 살았다고 하지만, 그런 지명은 없는 것으로 확인되었습니다. 어릴 때 누나가 키워주었다고 하나 누나의 이름도 모릅니다. 다만 누나의 딸을 '윤선숙'으로 기억할 뿐입니다. 하지만 그마저 불확실합니다.

사실 면사무소를 통해 공식적으로 확인한 결과 강릉에 홍계라는 지명은 없었으며, 그와 비슷한 지명인 대관령 횡계를 비롯하여 강릉 전체의 제적 등본까지 샅샅이 조사하였으나 '윤용재'나 '윤선숙'이라는 사람은 없었습니다.

짐작건대 그는 너덧 살쯤에 어떤 노인의 꼬임에 빠져 따라갔다가 그때부터 남의 집 머슴이 되었습니다. 그래서 누나와 강제적으로 헤어지게 되었는데, 지금까지 호적 없이 나이도 모른 채, 남의 집 허드렛일을 해주며 살고 있습니다.

나중에, 그때가 언제쯤인지 잘 모르지만, 누나가 살던 곳을 찾아가 보니 옛적에 살던 집도 없고 아는 사람도 없었다고 합니다. 그가 살던 마을인지도 불투명합니다.

그가 노인을 따라갔던 곳이 영양 석보 어디라고 합니다. 하지만 그 노인도 오래전에 포항으로 이사를 하여서 아는 사람이 아무도 없었습니다. 혹시 찾는다고 해도 50년이 넘어 이미 세상을 떠났을 것으로 보입니다.

아무튼 그는 영양 석보 어느 집에서 머슴살이를 시작하였으며, 언젠가 주인이 말을 듣지 않는다고 담배 건조실 화덕에 던져 열 바퀴 넘게 돌렸다고 합니다.

다행히 학교에서 돌아온 집주인의 아들에 의해 구조되었으나 다리에 큰 화상을 입었습니다. 하지만 주인이 무서워 맨발로 도망을 쳤습니다. 산을 타고 무작정 걸어 며칠 후 도착한 곳이 영덕 창수였습니다.

그때부터 윤 씨는 영덕과 영양, 청송, 삼척 등을 오가며 남의 집 잡일을 해주며 살았습니다. 마을 할머니들의 말에 따르면, 얼마 전까지 윤 씨와 같은 사람이 여럿 있었으나 다 죽고 이제 그만 혼자 남았다고 합니다.

그의 품삯은 보통 사람보다 아주 싼 편입니다. 어쩌면 쌀 수밖에 없습니다. 사실 주인이 주는 대로 받습니다. 몇 달을 일해 주고 그냥 쫓겨나기도 하고, 품삯은커녕 밥값을 내놓으라고 협박을 받기도 합니다. 불과 얼마 전에도 주인집에서 쫓겨났습니다.

지난 5월 7일 면사무소를 찾아갔습니다. 윤 씨에 대해 자초지종을 얘기한 후 도움을 구했습니다. 먼저 사회복지 담당을 찾았더니 주민등록이 있어야 적절한 도움을 줄 수 있다고 했습니다.

그래서 민원 담당에게 그의 호적을 찾아달라고 하였습니다. 윤 씨를 데려가 상담도 하였습니다. 하지만 사례가 없어 어렵다고 합니다. 한 달 넘게 수차례 방문하여 도움을 구했지만, 그 해답을 찾지 못하고 있습니다.

윤 씨가 나름대로 일은 하면서 제대로 대우받지 못하는 이유가 있습니다. 다리에 화상을 입은 후유증도 있지만, 지적으로 좀 부족합니다. 말도 어눌한 편입니다. 하지만 본인은 그 사실을 잘 모르고 있습니다.

그는 일하다가 돈을 달라고 조르기 일쑤입니다. 정신 연령이 초등학교 2, 3학년 수준입니다. 그동안 노예처럼 일만 하고 살았던바, 그렇게 된 것이 아닌가 싶습니다. 그리고 또 다른 원인은 그가 돈을 쓸 줄 모르기 때문입니다. 그래서 일부러 돈을 주지 않기도 합니다.

사실 돈만 생기면 하던 일을 내팽개치고 다방으로 달려가 아가씨들에게 돈을 자랑하며 나눠줍니다. 돈이 많으면 많은 대로 다 쓰고, 적으면 적은 대로 다 쓴 후, 돈이 떨어지면 다시 일하러 옵니다. 일하지 않을 때는 거주할 집도 없고 먹을 곳이 없어 여기저기 구걸하며 다닙니다.

남의 집 머슴으로 있으면 그나마 집에서 잤으나 쫓겨나면 갈 곳이 없습니다. 여름에는 홑이불 하나 들고 묘지에서 자기도 하고, 겨울에는 문중 사당이나 남의 제실에서 자기도 합니다.

그는 집시처럼 떠돌아다니며 살고 있습니다. 어느 한곳에 머물러 있지 못합니다. 너무 오랫동안 그렇게 살다가 보니 자연스럽게 받아들이고 있지만, 정신적으로 정밀 진단이 필요한 상태입니다. 하지만 호적이 없이는 아무것도 도울 수 없다고 합니다.

그리고 윤 씨는 이 교회 저 교회를 나가지만 신앙보다는 밥 한 끼 얻어먹는 수단으로 다닙니다. 이 교회에 다니다가 국수를 준다고 밥 주는 저 교회로 옮기기도 합니다. 그저 밥 많이 주는 곳을 좋게 여기고 어쩌다 밥을 적게 주면 금방 나가 흉을 보기도 합니다.

편식도 심한 편입니다. 국수나 라면을 안 먹는 이유는 전에 너무 많이 먹어서 그렇다고 합니다. 그래서 사람들은, 일꾼이 없어 윤 씨에게 일을 시키지만, 속이 다 썩어빠진다고 합니다. 윤 씨의 밥이나 참을 따로 차릴 정도입니다.

윤 씨는 자세히 모르긴 하여도, 무엇인가 자기만이 지키고 싶은 무엇이 있는 듯합니다. 나이가 들어서 그런지 고집도 상당이 센 편입니다. 일을 약속하고 펑크를 내기도 일쑤입니다.

그래서 그는 어디를 가도 사람다운 대접을 받지 못하고 살아갑니다. 그가 제대로 살았다면 그동안 누군가의 도움을 받아 가정도 꾸미고 정착했을 겁니다.

얼마 전 우리가 면사무소에 도움을 요청했다는 말을 듣고, 어떤 사람이 찾아와 당장 취소하라고 아우성을 쳤습니다. 호적을 찾아 배급을 타게 해주면 더욱 인간이 안 된다는 것이 그 이유였습니다.

이제까지 윤 씨는 일을 위한 수단이나 도구로 여김을 받으며 살아왔습니다. 그러다 보니 더욱 자기 아성을 만들어 고집을 부리는 것이 아닌가 싶습니다.

윤 씨는 일상생활에서 인격적인 대접을 받지 못하고 있습니다. 담배는 피우지만, 술은 잘 마시지 않습니다. 반면에 커피는 무척 좋아합니다. 다방 아가씨가 유일한 친구요, 기쁨입니다.

　그도 사람인바, 커피를 마심으로써 여유를 부려 보고 싶을 것이며, 팁을 주는 것으로 사람다운 대접을 받고 싶을 겁니다. 그래서 윤 씨는 돈이 생기면 다방에 갖다 주고 길거리 사랑을 받으며 살아가고 있습니다.

　어쩌면 윤 씨가 마지막 남은 대한민국 사생아일지 모릅니다. 그에게 희망의 빛을 안겨주고 싶습니다. 흔치 않은 일이라 그 방법을 몰라서 이렇게 서신을 올리게 되었습니다.

　그리고 보니 너무 장황하게 늘어놓은 듯합니다. 끝까지 읽어주서서 감사합니다. 사정이 너무 딱해 행정안전부와 보건복지부 등에 도움을 요청합니다."

　그리고 7월 30일, 윤 씨를 대신하여 면사무소에 성장환경 진술서를 작성하여 제출하였다.

　"저는 2009년 현재, 60살 남짓 되는 남성입니다. 태어난 고향이나 부모는 물론, 나이도 모릅니다. 학교에 다닌 적이 없어 한글도 모르며, 제 이름만 겨우 그리는 정도입니다.

　그러니까 1950년대 중반 6.25 전쟁이 끝난 후, 제가 너덧 살쯤 되었을 때로 짐작합니다. 그때까지 강릉 홍계(정확한 지명은 모름)라는 동네에서, 누나(이름을 기억하지 못함) 밑에서 살다가, 어떤 노인의 꼬임에 빠져 영양 석보로 팔려가 남의 집 머슴이 되었습니다.

　그렇게 집을 나와 저를 키워준 누나와 생이별을 하게 되었습니다. 그리고 10년이 훌쩍 지난 어느 날, 제가 살던 곳을 찾아가 보았으나 집도 없고 누나도 찾지 못했습니다.

그곳이 제가 살던 곳이 맞는지도 분명치 않았습니다. 모든 것이 너무 많이 변하고 아는 사람도 없었던바, 그때부터 무적자(無籍者)가 되고 말았습니다. 지금은 거기가 어딘지도 모릅니다.

그로부터 10년쯤 영양 석보에서 남의 집 머슴으로 살다가, 주인의 폭행을 못 이겨 산을 타고 야반도주하였으며, 그때 도착한 곳이 이곳 영덕 창수였습니다. 1980년대 초반쯤, 제 나이 30대 중반쯤으로 짐작됩니다.

이후 이곳 창수와 영해, 병곡, 영양, 청송, 삼척 등을 오가며 농사일을 비롯하여 고물상, 양어장, 양봉, 축사, 공사장 잡부 등, 그야말로 닥치는 대로 일을 하며 여태껏 살아왔습니다.

약 30년 전 영양 석보에서 일할 때였습니다, 주인이 말을 듣지 않는다고 저를 벌크에 집어넣고 돌린 적이 있습니다. 그때 다리에 화상을 입어 힘든 일을 못 하게 되었습니다.

그래서 남의 집 허드렛일이나 해주며 품삯은 주는 대로 받게 되었습니다. 적게는 하루에 5천 원, 많게는 3만 원도 받지만, 주로 1만 원 정도를 받고 일하고 있습니다." (2009. 6. 11)

1037. 바람 한 조각

선교회에서 릴레이 금식기도 명단이 도착하였다. 해마다 개최하는 여름 캠프를 위한 준비였다. 내 금식은 7월 3일 금요일 점심이었다. 그런데 깜빡 잊고 말았다.

7월 3일 아침, 새끼 밴 얼룩이에게 족발 뼈다귀를 주려고 갔다. 개가 낑낑거리고 어찌할 바를 몰라 하며 달려들었다. 사랑을 받고 싶으니 쓰다듬어 달라는 표시로 여겨졌다.

그것도 너무 지나치니 징그러웠다. 넙죽이 엎드려 오줌을 질질 싸며 아무 데나 핥고 난리법석을 떨었다. 뼈다귀를 개집에 던져주었다. 그런데 뼈다귀는 쳐다보지도 않고 나만 바라보며 관심을 가져달라고 하였다.

그 마음은 알만도 했지만, 분수를 지키지 않아 얄미웠다. 개는 개로서 취급을 받아야지 사람처럼 취급을 받으려 들다니 어이가 없었다. 얼마 후 삼복에 보신탕이 될 수도 있을 텐데. 어찌 보니 안쓰러웠다.

얼룩이는 내 손을 핥거나 옷이나 발에라도 주둥이를 대고 싶어 안절부절못했다. 그 순간 나도 모르게 소리를 꽥 지르며 개 주둥이에 주먹을 날렸다.

그것도 한 방으로 양이 안 차서 두 방을 연거푸 날렸다. 그때 새끼손가락 2번째 마디에 2개의 상처가 생겼다. 이빨에 콕 찍힌 듯 피가 송알송알 솟아났다. 어느 모로 보나 내 잘못이었다.

"아차, 내가 또 성질을 이기지 못하고 죄 없는 개를 때렸구나! 개도 아끼지 못하는 주제에 어찌 사람을 사랑하겠는가? 오, 주여! 저를 살펴주소서. 제가 왜 이러는지 저도 잘 모르겠습니다. 제게 만유를 사랑할 수 있는 주님의 마음을 허락하소서."

그리고 산기슭에 묶어둔 황구와 똘똘이에게 뼈다귀를 갖다 주려고 올라갔다. 그릇 하나에 뼈다귀를 담아 가운데 두고 발길을 돌렸다. 그러나 미심쩍어 돌아보니 큰 수캐 황구는 부지런히 먹는데 작은 암캐 똘똘이는 주변을 빙빙 돌며 낑낑거렸다.

유달리 뼈다귀를 좋아하는 개였다. 그런데 큰놈은 잘 먹었으나 작은 놈은 먹지 못하고 있어 다시 돌아가 살펴보았다. 그때 내 성격을 잘 알고 있는 두 놈이 모두 집으로 들어갔다.

뼈다귀를 반씩 나눠주고 내려올 때 황구가 말뚝에 감긴 모습이 보였다. 그래서 다시 올라가 괭이로 말뚝을 내리쳤다. 말뚝이 꿈쩍도 하지 않았다. 짜증을 내면서 수차례 더 내리쳤더니 괭이자루가 뚝 부러졌다.

그 괭이는 개 밥통 언저리 틈새에 끼워서 우천 시 개집에 넣어주는 요긴한 도구였다. 그래서 괭이를 집으로 가지고 내려와 자루를 새로 맞추려고 망치로 내리쳤다.

그러자 괭이 모가지가 뚝 부러지고 말았다. 기분이 영 좋지를 않았다. 무엇인가 하나님 앞에서 문제가 있다는 느낌이 들었다.

아침을 먹은 후 콘도 회원권에 대한 소송을 준비하려고 컴퓨터 앞에 앉았다. 인터넷으로 자료를 뒤지기 시작했다. 피고의 답변에 대한 반박 자료를 어느 정도 찾았다. 하지만 준비 서면을 어떻게 작성할지 신경이 쓰였다.

매주 금요일은 통상적으로 설교 준비와 주보를 만들었다. 그런데 엉뚱한 일에만 신경이 쓰였다. 오전이 훌쩍 지나갔다. 금식 당번이라는 사실을 까맣게 잊고 점심을 먹었다. 갑자기 피곤함을 느껴 한숨 자려고 자리에 누웠다.

비몽사몽 중에 선교회 장애인 캠프가 나타났다. 얼마 전에 5만 원의 후원금을 보낸 것도 보였다. 그때 릴레이 금식의 연결 고리가 끊어졌음이 생각났다. 자리에서 벌떡 일어나 앉았다.

"아니, 오늘 점심이 내 금식 당번이 아닌가? 아, 이런! 이런! 이걸 어쩌나? 내가 쓸데없는 일에 신경을 쓰다가 금식 고리를 끊다니! 오, 주여! 이 못난 종이 장애인 캠프를 위한 릴레이 금식의 연결 고리를 끊고 말았습니다!"

그때 하나님의 감동이 물밀듯 밀려오기 시작하였다.

"그래, 너는 선교회가 여름 캠프를 위해 나에게 약속한 금식기도의 연결 고리를 끊었다. 자, 보아라! 지금까지 소송에서 네가 패소한 적이 있었느냐?

내가 모두 이끌어주지 않았느냐? 그런데 네가 그토록 신경을 쓰는 회원권의 가치가 얼마나 되느냐? 패소한들 어떻고 승소한들 어디에다 쓰겠느냐?"

"오, 주여! 그렇기는 합니다만. 아니, 아닙니다. 제가 무조건 잘못했습니다. 회원권에 대한 문제는 여기서 접어두겠습니다. 지키지 못한 금식에 대한 벌칙으로 오늘 저녁부터 내일 저녁까지 3끼를 금식하여 그 고리를 연결하겠습니다.

부디 장애인 캠프를 은혜 가운데 마칠 수 있도록 도와주십시오. 혹시 저의 불찰로 무엇인가 차질이 생긴다면 소심한 제가 어찌 그걸 감당하겠습니까? 불가피하게 불상사가 생길 수밖에 없다면 그걸 저에게 돌려주십시오."

그리고 자리에서 일어나 오전 내내 준비한 자료를 모아 봉투에 넣은 후 서랍 속에 집어넣고 설교 준비에 들어갔다.

4일 아침, 닭 사료에 섞어줄 채소를 쓸고 있던 자매가 말했다.

"병아리가 한 마리 죽었어요. 그물에 걸려서…."

"뭐라? 그물에 걸려? 안 그래도 내가 어제 얘기하려고 하였는데. 그러니까 모이를 준 후 그물을 바짝 잡아당겨 문을 닫아야지. 어휴, 9마리다 클 줄 알았는데. 그렇게 팔팔한 놈을! 그것도 올무를 놓아 생목숨을 죽인 꼴이니."

그리고 뒤뜰에 돌아가 보니 죽은 병아리가 가마솥 뒤에 던져져 있었다. 갈퀴에 그물 조각이 달려 있었고 몸통은 물에 흠뻑 젖어있었다. 그물에 발이 걸려 아래쪽에 있는 물통 속에 빠졌던바, 결국은 익사한 것이었다.

"오, 주여! 이 못난 종의 허물로 인해 생태 같은 병아리가 죽었습니다. 그렇다면 이 종이 죄 없는 자매에게도 신경질을 부린 꼴이 아닌가요?

오, 주여! 이 종은 정말 구제불능입니다. 이 종을 고쳐주소서. 이대로는 도저히 안 될 것 같습니다. 아무것도 할 수가 없습니다. 주의 종이라 일컬음을 받기도 어렵습니다."

그렇게 하루가 지나고 저녁이 되었다. 평소 같으면 전날 저녁, 아침, 점심까지 3끼를 금식하면 배가 고팠을 텐데, 이번에는 배고픈 줄 모르고 지나갔다.

설교 준비, 주보 작성, 교리와 교훈 등의 교정으로 하루를 보냈다. 저녁을 먹기에 앞서 선교회 캠프에 차질이 없도록 간절히 기도하였다.

그리고 오늘 새벽 3시경 잠에서 깨어났다. 조금 일찍 일어나 새벽예배를 드리고 바닥에 앉아 묵상하였다. 피곤하여 뒤로 벌렁 누웠더니 바로 환상이 보였다.

어떤 사람의 머리 위에 밥그릇이 엎혀 있는 모습이 보였다. 불안하기 짝이 없었다. 그런데 그 밥그릇이 순식간에 사라지고 보이지 않았다.

잘못 본 것이 아닌가 싶어 다시 보고 또 보았으나 여전히 그 밥그릇이 없었다. 밥그릇이 엎혀 있던 머리털에 잔잔한 김이 서린 것을 보고 그제야 안심이 되었다.

이어서 설악산같이 웅장한 산이 저 멀리서 다가오고 있었다. 그리고 금강산처럼 아름다운 산이 그 뒤를 이어서 다가왔다.

그리고 쇠사슬처럼 고리로 연결된 긴 막대기가 보였다. 그런데 그중에 한 마디가 빠지고 없었다. 다행히 그 끊어진 마디를 연결할 수 있는 작은 막대기가 내 손에 들려 있었다.

그 막대기는 3개의 연결 고리를 가지고 있었다. 양쪽의 2개 고리를 긴 막대기의 성한 고리에 끼우자, 긴 막대기의 끊어진 중간 부분이 짧은 막대기의 고리에 의해 연결되는 모습이 보였다.

그때 내 마음속에 자리 잡은 금식의 부담이 사라짐을 느꼈다. 내가 빠뜨린 금식의 고리가 연결된 것으로 다가왔기 때문이다.

"할렐루야! 사랑의 하나님을 찬양합니다. 주님께서 이 부족한 종이 깨뜨린 금식 기도의 연결 고리를 다시 연결해주셨습니다. 끊어진 하나의 고리를 연결하기 위해 3개의 튼튼한 고리가 필요했습니다.

하나의 이빨이 빠졌을 때 양쪽의 성한 이빨에 2개의 고리를 걸어 보철하듯이, 그렇게 한 끼의 금식을 채우기 위해 두 끼의 온전한 금식이 필요했던 것입니다.

오, 주여! 그렇습니다. 그래서 주님께서 3끼의 금식을 채우도록 이끌어 주셨습니다. 언제 어디서나 종의 수준에 딱 맞춰 도와주시니 감사합니다." (2009. 7. 5. 주일)

1038. 교회 직인

오랜만에 동창회에 나갔다. 마귀를 쫓아낸다는 친구와 여우가 수천 년 동안 도를 닦아 신선이 되었다는 친구가 나를 맞아주었다.

"어서 오시게!"

"할렐루야! 이게 얼마 만인가?"

"예수쟁이 아니랄까 봐 그러는 거야?"

"이 사람아, 할렐루야가 얼마나 좋은 인사인가? 자네들도 한번 해 보게. 이 세상의 그 어떤 말보다 좋은 인사일세. 인사하는 사람은 물론이고, 인사를 받는 사람도 기쁨과 즐거움이 넘칠 걸세."

"그리 쉬운 말로 우리를 전도하려고 하는가?"

"전도하는 게 아니라 좋은 인사를 소개하는 것일세."

"그게 그것이 아닌가?"

"할렐루야가 정 하기 어색하거든 샬롬이라고 하게. 샬롬이라는 말도 참 좋은 인사일세."

"샬롬은 또 뭐야?"

"샬롬은 평안, 건강, 안녕, 축복 등을 의미한다네."

"전도하는 방법도 정말 가지가지네."

"그래, 맞아요! 그렇게 한번 해 보게나. 샬롬!"

그리고 손을 흔들며 밖으로 나왔다. 동창회가 무르익어 갈 무렵 내가 이런 제안을 하였다.

"우리가 오랜만에 만났으니 이렇게 그냥 시간을 보낼 것이 아니라, 바닷가라도 한번 둘러보세. 오래된 중고차지만 내 차가 있으니 2대에 나눠 타면 다 탈 수 있을 거야."

그래서 몇 사람이 바닷가로 나갔다. 부두를 따라가다가 보니 망대처럼 보이는 높은 건물이 있었다. 안으로 들어가 옥상까지 올라가게 되었다. 난간으로 다가가 조심스럽게 발을 놓고 아래쪽을 내려다보았다.

방금 전에 우리가 걸어온 부둣가가 보였다. 안쪽에는 붉은 함석지붕이 빼곡히 자리 잡고 있었다. 지나가는 사람들이 개미처럼 보였다. 마치 인공위성을 타고 아래쪽을 내려다보는 것 같았다. 밀려 왔다가 부딪치고 다시 돌아가는 파도를 보니 현기증이 났다.

"이제 그만 돌아가세!"

하면서 돌아서려는 순간 옥상에 설치된 구름다리가 보였다. 구름다리 건너편에 채소를 파는 할머니들도 보였다.

"아니, 저기 시장이…."

하면서 주변을 살펴보니 옥상 건너편에 푸른 동산이 있었다. 동산 안에 무성한 나무들과 식물들이 자랐다. 그리고 보니 그곳이 건물의 옥상이 아니라 평지로 이어지는 가교였다. 낮은 구릉에서 평지로 올라온 계단식 건물이었다.

구름다리를 건너 시장 안으로 들어가 보았다. 전쟁에서 승리하여 유명인사가 된 동창회장이 기다리고 있었다.

"자, 이제 이걸 도로 가져가게."

하면서 내 앞에 내미는 것을 보니, 언젠가 내가 맡겨둔 교회 직인과 대표자 실인이 든 비닐봉지였다.

"아, 그래! 여기 넣어주게."

하면서 내가 들고 있던 봉투를 내밀었다. 그러자 봉투 속에 그 비닐봉지를 넣어주었다.

새벽예배를 드리고 묵상하다가 간밤의 이 환상이 범상치 않음을 깨달았다. 그냥 지나치려고 하다가 기록에 남길 가치가 충분히 있다는 생각이 들었다.

'그러고 보니 주님께서 이 교회를 내게 맡기셨다는 뜻이 아닌가? 오, 주여! 감사합니다.'

오늘 교회를 설립한 지 100일째가 되었다. 주님께서 100일 선물로 그동안 맡겨둔 교회 직인과 대표자 실인을 다시 돌려주신 듯하였다. (2009. 7. 7)

1039. 천의 얼굴

주일 다음날 새벽에는 유달리 피곤함을 느낀다. 비록 두세 명이 드리지만 그래도 하루 3번의 예배로 체력이 달리는 듯하였다.

새벽예배를 드리고 강대상 옆에 앉아 묵상하며 기도한다. 뒤에서 기도하던 자매가 밖으로 나간 후 피곤하다 싶으면 뒤로 벌렁 자빠진다. 양팔을 쫙 벌리고 다리를 쭉 뻗으면 뒤에 놓인 방석이 베개가 되어 최상의 침대가 된다.

세상에 이보다 더 편한 자세가 있을까 싶은 생각이 든다. 이렇듯 편한 예배당을 주신 하나님께 감사와 찬양을 드린다. 그때 이상야릇한 기분에 휩싸인다. 오늘도 예외가 아니었다.

뒤로 벌렁 눕자마자 올챙이 한 마리가 보였다. 머리와 꼬리가 전부인 아주 어린 놈이었다. 연약한 몸뚱이를 이리저리 흔들며 어디론가 부지런히 가고 있었다.

유심히 지켜보았더니 머리 아래쪽 가슴팍에서 작은 손 같은 것이 나왔다. 그 여린 손을 이리저리 짚으며 더욱 빨리 앞으로 나아갔다. 어디를 가는지 살펴보니 바로 우리 교회당 마당이었다.

얼마 후 올챙이 앞발이 튼튼해지는가 싶더니 뒷발이 나오기 시작하였다. 뒷발이 자라면서 꼬리는 점점 짧아졌다. 개구리의 모습을 갖추기 시작했다.

그러다가 어느 순간 내가 있는 예배당에 개구리가 들어와 있는 모습이 보였다. 무슨 부끄러운 일이라도 있는 듯 두 손으로 얼굴을 가리고 있었다.

그렇게 창밖을 향해 쪼그리고 있다가 서서히 두 손을 내려놓았다. 그런데 이것이 어찌 된 일인가? 어느새 개구리가 아리따운 소녀로 바뀌어 있었다. 쌩긋 웃고 있는 모습이 부잣집 막내딸처럼 보였다.

그런데 그 얼굴은 진짜가 아니었다. 마치 랩(wrap)처럼 얼굴이 한 꺼풀 벗겨지더니 밋밋한 시골뜨기 아가씨가 되었다. 그런데 그것도 참 얼굴이 아니었다. 다시 얼굴의 막이 벗겨지더니 너무 흉측하여 바라보기도 싫었다.

그리고 또다시 얼굴의 껍질이 벗겨지더니 이번에는 찡그린 아줌마의 모습이었다. 이어서 또 한 번의 피부가 벗겨지자 너무 무서워 감히 쳐다볼 수도 없었다.

그러다가 또다시 벗겨진 얼굴을 보니, 이번에는 근엄한 아저씨처럼 보였다. 그 후에도 몇 번 더 얼굴이 바뀌었다. 마치 천의 얼굴을 가진 사람처럼 느껴졌다.

그 와중에서도 나는 은근히 그 자매를 믿으며 기대하고 있었다. 언젠가는 천사의 얼굴로 바뀔 것으로 생각하였다. 천사의 모습이 마지막 얼굴로 여겨졌다.

그렇게 생각하며 기다리고 기다렸지만, 유감스럽게도 천사의 얼굴은 끝내 보이지 않았다. 한없이 기다리고 또 기다렸으나 마찬가지였다.

이 모든 것이 생생한 현실 가운데 이루어지고 있었다. 내가 기도하면서 자리에 누워있는 것도 알았다. 그런데 현실에 신경을 쓰면 쓸수록 환상은 점점 더 희미하였다.

그러다가 더 이상 기다린다는 것이 무의미하다는 생각이 들었다. 그래서 스스로 환상에서 빠져나왔다. 그리고 다시 기도하기 시작하였다. 그대로 계속 누워서 하였다.

"오, 주여! 천의 얼굴을 가진 사람이 어쩌면 제가 아닌지요? 저도 처음에는 올챙이 같은 시절이 있었습니다. 엉금엉금 기어서 교회당을 찾았다가 개구리로 변했습니다. 그리고 열심히 한다고 하였으나 이렇게 추한 모습으로 변했습니다.

사실 저는 아직도 여전히 천의 얼굴을 가지고 있습니다. 예쁜 부잣집 막내딸이 시골뜨기 아가씨처럼 되었다가, 흉한 얼굴, 찡그린 얼굴, 무서운 얼굴로 바뀌었다가, 근엄한 아저씨처럼 되었습니다. 천사의 얼굴로 바뀌기를 원했으나 그렇게 되지를 못했습니다. 오, 주여! 저를 변화시켜 주소서."

그리고 밖으로 나와 얼룩이에게 갔다. 얼룩이의 젖이 조금 부푼 듯하였다.

"음, 새끼를 밴 것이 틀림없어 보이구먼! 그런데 이놈의 개새끼가 왜 처먹지를 않지? 배때기가 등가죽에 붙었잖아, 이놈의 개새끼야!"

하면서 내 앞에서 엉덩이를 흔드는 얼룩이를 힘껏 걷어차 버렸다.

"어이구, 이런! 내가 또. 그것도 새끼까지 밴 놈을! 아, 그러고 보니 나는 실로 천의 얼굴을 가진 자로다! 오, 주여! 이 부덕한 종을…." (2009. 7. 13)

1040. 나드! 나드! 나드!

어떤 사람과 당구를 치고 있었다. 한 신부님이 찾아와 뭐라고 하였다. 그때 마침 내가 치는 차례가 되어 그 말을 듣지 못했다. 그런데 내가 맞출 공이 신부님 바로 앞에 있었다.

우선 그 공부터 맞혔다. 너무 멀리 떨어져 있었는바 맞았는지 안 맞았는지 분명치가 않았다. 어쩌면 살짝 맞은 것 같기도 하고 안 맞은 것 같기도 하였다. 그래서 신부님에게 물어봤더니 맞았다고 하였다.

그런데 그렇게 살짝 맞고 지나간 공이 다시 굴러와 내 앞에 있는 공도 맞히고, 다시 한 바퀴 돌아 다른 공까지 맞혔다. 그리고 마지막 남은 공을 향해 계속 굴러갔다. 그 공만 맞히면 반상에 있는 공 4개를 모두 맞혀 게임이 끝났다. 승리가 눈앞에 있었다.

그때 돌발 사태가 일어났다. 마지막 공 앞에 생맥주 잔처럼 보이는 유리컵 하나가 느닷없이 나타나 그 공을 가로막았다. 그 과정을 조마조마하게 지켜보고 있던 나는 신부님이 다시 뭐라고 하였으나 그 말에도 아랑곳하지 않았다.

그러다가 유리컵에 의해 그 공이 가로막혔을 때 비로소 신부님이 한 말이 떠올랐다.

'1970년대처럼 경제를 중시하는 사람이 되어야 합니다.'

그래서 돌아보니 신부님이 적어도 3번 이상 똑같은 말을 되풀이했다. 당구를 치던 상대방도 반상의 공을 맞힐 때마다 이렇게 소리쳤다.

"나드! 나드! 나드!"

나중에 알고 보니 나드(nod)는 요행으로 공을 맞히거나, 이겼을 때 상대방에게 목례로 겸손을 표시하는 제스처였다. 하지만 나는 플루크(fluke)로 첫 판을 이기고도 내 실력인 양 으스대며 겸손을 표시하지 않았다.

'오, 주여! 이 부족한 종을 어쩌면 좋습니까?'

내가 알고 있는 나드(nard)는 방향제(芳香劑) 식물이었다. 그래서 그 나드(nard)로 알고 의아스럽게 생각하다가, 겸손을 표시하는 나드(nod)라는 사실을 알고 나를 돌아보는 기회가 되었다. (2009. 7. 15)

1041. 복수 불 반분

부모님과 여동생이 교회를 방문하였다. 차에서 내려 교회당을 둘러보았다. 그동안 하나님께서 우리를 어떻게 도우셨는지 대충 설명하였다. 그때 어머니가 말씀하셨다.

"우선 예배부터 드리자."

그런데 나는 그 말씀을 무시했다.

"예배드리는 날이 아니니 괜찮아요."

그리고 토종닭 5마리를 잡았다. 아버지가 도끼로 달구새끼 목을 자르고 어머니가 마무리하였다. 여동생이 서울로 가지고 갈 것이었다. 냉동실에 넣어두고 항구로 갔다. 식당에 가서 대게와 회를 먹었다.

오후 4시에 교회를 출발하여 본가까지 모셔다드렸다. 어머니가 차려준 저녁을 먹고 다시 돌아왔다. 그사이에 얼룩이가 한창 귀엽게 자라던 병아리를 모두 물어 죽였다. 닭장까지 휴짓조각으로 만들어놓았다.

"어휴, 저놈을 그냥!"

하면서 괭이를 번쩍 들었다. 그때 얼룩이의 출산 예정일이 얼마 남지 않았다는 사실을 깨달았다.

'아, 제기랄! 복수불반분(覆水不返盆)! 에이, 빌어 처먹을 개새끼 같으니! 그런데 잡았으면 처먹던가? 처먹지도 않으면서.'

그리고 죽은 병아리를 주섬주섬 주워서 황구에게 던져주었다. 그때 예배부터 드리자는 어머니의 말씀이 생각났다. 그 또한 이미 엎질러진 물이었다. 정말 후회스러웠다.

"오, 주여! 이 부덕한 종을!" (2009. 7. 21)

1042. 영혼의 상처

무슨 세미나 강사로 초대를 받아 강단에 서 있었다. 내가 강의할 차례가 되었다. 우선 칠판에 2가지 제목을 썼다.

"먼저 '배신자 유다'에 대해 살펴보도록 하겠습니다."

그때 강단 바로 앞에 있던 청년이 한 자매를 붙잡고 무엇인가 열심히 설명하는 모습이 보였다. 그러다가 아예 강단을 등지고 돌아앉아 열변을 토했다.

언뜻 보니 무슨 이단 사상을 지닌 열성 신자 같았다. 무시하고 강의를 계속했지만, 분위기가 산만하여 더 이상 어려웠다. 어떻게 제어해야 할지 몰라 잠시 머뭇거렸다.

하지만 대부분의 사람들이 나만 바라보며 열심히 강의를 듣고 있었다. 특히 그들의 대표자로 보이는 사람이 시종일관 나를 뚫어지게 쳐다보았다. 그가 자리에서 일어나 정색을 하고 소리를 질렀다.

"강의에 방해되니 이제 그만하시오!"

그러자 그 청년이 멈칫하며 뒤로 물러났다. 그런데 이번에는 강단 위에 있던 자매가 나에게 다가와 무엇인가 귓속말로 저주를 퍼부었다.

"뭐라고?"

하면서 내가 소리를 지르자 주춤하며 물러났다. 그리고 잠시 머뭇거리다가 다시 말했다.

"그러니까 새벽에 일찍 일어나지 말라고요!"

자매가 모두 들으라는 듯이 생뚱맞은 소리를 했다.

"허허, 이런 참! 처음에는 뭐 어쩌면 죽느니 사느니 하더니만 새벽에 일찍 일어나지 말라고? 그 짧은 시간에 기가 많이 죽었군그래."

그 순간 새벽예배 시간을 알리는 알람 소리에 벌떡 일어나 앉았다.
'그렇군, 우리가 하루도 빠짐없이 새벽예배를 드리자 사탄이 방해하는군.'
예배를 드리고 기도할 때 성령님의 감동이 물밀듯 밀려왔다.
'비록 오늘날 예배당이 옛적의 성전은 아닐지라도, 거룩하게 구별된 처소인 것만은 틀림이 없거늘, 어찌 그렇게 만홀히 여길 수 있느냐?
매일같이 찬양하고 기도하며 예배드리는 곳이 어찌 거룩하지 않겠느냐? 당연히 감사하고 돌봐야 하거늘, 어찌 그리 소홀히 여기느냐?
나를 무시하고 어찌 하나님의 종이라 일컬음을 받겠느냐? 자기 부모와 형제자매도 인도하지 못하는 처지에 어찌 다른 사람을 전도할 수 있겠느냐?
내가 내 말을 네 어미에게 넣어주었거늘, 어찌 일언지하에 거절할 수 있느냐? 언제부터 네 어미의 믿음이 그렇게 좋았느냐?'
"오, 주여! 그렇습니다. 제가 무지무지 잘못했습니다. 이 부덕한 종을 용서하여 주십시오. 다시는 주님을 만홀히 여기는 죄를 범하지 않도록 도와주십시오."

그리고 아침을 먹은 후 이 글을 쓰기 시작하였다. 그때 개밥을 주려고 밖에 나갔던 자매가 병아리 한 마리를 들고 돌아왔다.
"이것 보세요! 이 병아리가 전에 있던 닭장 앞에서 이리 왔다 저리 갔다 하지 않겠어요?"

"오, 주여! 감사합니다. 7마리 중에서 1마리를 살려주셨군요!"

아닌 게 아니라 아무리 찾아도 죽은 병아리가 6마리밖에 없었다. 그런데 그 지옥에서 어떻게 빠져나왔을까? 개가 1마리도 아니고 3마리나 있는 곳에서. 게다가 족제비와 쥐새끼들의 아귀를 밤새도록 어떻게 피했을까?

"오, 주여! 감사합니다. 참으로 감사합니다. 주님께서 한 배의 씨를 싹 말리지 않고 그루터기 하나를 남겨 주셨습니다. 할렐루야!" (2009. 7. 22)

1043. 삼무가배

불우한 이웃을 돕기 위해 삼나무를 심으려고 하였다. 등기부상 땅 주인을 보니 한 필지는 햇볕정책으로 유명한 전직 대통령이었고, 한 필지는 나 자신이었다.

그런데 삼은 대마초로 분류되어 심을 수가 없었다. 그래서 이래저래 지체되었다. 그때 '삼무가배'라는 글귀가 보였다. 가배(嘉排)는 음력 7월 16일부터 8월 14일까지, 전국 각지의 여인들이 모여 편을 갈라 길쌈을 한 후, 그 짠 배의 많고 적음을 견주어 승패를 가리는 신라 시대의 궁중놀이였다.

하지만 삼무는 三無(3가지 없음)인지, 三務(봄, 여름, 가을 농사일)인지, 아니면 三舞(3가지 춤)인지 알 수가 없어 답답하였다.

그러다가 며칠 전에 보았던 환상이 생각났다. 어린 여자아이 3명이 죽어 장례를 치러야 했다. 하지만 뭔가 여의치 못해 애를 먹었다. 그것이 마음에 걸렸으나, '삼무가배'와 무슨 연관이 있는지 여전히 궁금하였다.

그때 몇 사람이 등산복 차림에 장화를 신고 길을 나서는 모습이 보였다. 어디를 가느냐고 물었더니 장지에 간다고 하였다. 그렇다면 나도 가겠다고 했다.

그러자 그들은 땅이 질어 장화를 신지 않으면 못 간다고 하였다. 그때 내가 신은 신발을 보니 평소에 신고 다니는 검정 고무신이었다.

"아, 그래요? 그러면 할 수 없지요."

하면서 그냥 집에 머물러 있기로 하였다. 그때 한 집을 보니 문상객으로 보이는 사람들이 북적거리고 있었다. 술상을 가져다 날리는 여인들의 모습도 보였고, 아이들과 함께 온 가족 손님들도 있었다.

얼마 후 그들이 모두 집을 나서고 있었다. 뒤를 돌아보니 심부름하는 여인 몇 명만 남아 있었다.

"아니, 다들 어디를 가는 거지?"

"장지에 가는 거야."

누군가 옆에서 대답했다.

"그런데 슬리퍼 신은 저 어린아이도 가는 거야?"

"당연하지."

"저 슬리퍼를 신고? 땅이 질어서 장화를 신지 않으면 못 들어간다고 하던데."

"안에는 안 들어가고 보이는 곳까지만 가는 거지."

"그렇다면 나도 가야 해."

하고 즉시 길을 나섰다. 여전히 나는 검정 고무신을 신고 있었다. 산길을 따라 쭉 올라가 장지 건너편에 이르렀다. 그때 기도하고 싶은 생각이 간절하여 죽은 아이들을 위해 기도하기 시작했다.

그러자 망태기 3개가 하늘 높이 솟아올랐다. 그리고 저 멀리 보이는 높은 산 너머로 날아갔다. 마치 비행접시가 높이 솟구쳤다가 순식간에 사라지는 것 같았다.

그런데 그 망태기 안에 무슨 알처럼 보이는 것들이 들어있었다. 죽은 아이들의 영혼이었다. 망태기 안에서 안식을 취하고 있었다. 그동안 세상을 배회하다가 내 기도 소리를 듣고 비로소 천국으로 들어가는 듯하였다.

그때 그동안 내 마음을 짓누르던 부담이 일시에 사라짐을 느꼈다. 내가 기도하지 않아 죽은 아이들의 영혼이 잠시나마 방황한 것으로 보였다. (2009. 8. 3)

1044. 황촛집

사다리를 놓고 황촛집에 올라가고 있었다. 황촛집은 흙으로 만든 담배 건조실이다. 그런데 황촛집 벽과 담 사이가 불과 1m도 되지 않았다. 그래서 사다리가 거의 90도 각도로 가파르게 세워졌다. 뒤로 벌렁 자빠질 위험이 있었다.

아니나 다를까 옥탑을 불과 1m쯤 앞두고 사다리가 벽에서 떨어지기 시작했다. 하지만 나는 경험을 통해 그 위험을 이미 감지하고 있었다. 그래서 사전에 벽에 고정된 나무를 붙잡고 있었다. 그리고 여종에게 말했다.

"내가 이렇게 꽉 잡고 있을 테니 어서 올라가."

"알았어요. 전에 한 번 해봐서 문제없어요."

그렇게 여종이 황촛집 천장으로 올라갔다. 그리고 공기창으로 낚싯줄을 달아 내렸다. 무엇을 낚으려고 하였다. 나는 더 이상 올라갈 수가 없어 사다리에 매달려 여종의 모습만 바라보고 있었다. 뭔가 빨리 낚아서 다시 내려오기를 기다렸다.

그런데 난간에 앉은 여종이 떨어질 것 같아 불안한 마음이 들었다. 그때 여종의 어깨 위에 파리 한 마리가 나타났다. 그러자 여종이 파리를 잡으려고 돌아앉았다. 한참 헛손질을 하다가 아래로 떨어지려고 하였다.

그때 상황을 보니 피할 수도 없고 막을 수도 없었다. 하지만 다행히 황촛집이 땅에서 그리 높지 않았다. 막상 떨어져도 중심만 잡으면 사뿐히 내려앉을 것으로 보였다.

"오, 주여! 주님께서 선히 여기시거든 더 이상 한눈을 팔지 않게 하소서." (2009. 8. 4)

1045. 얼룩진 평화

어느 허름한 아파트 저층에 살고 있었다. 무슨 큰 사고가 나서 급히 도망치려고 하였다. 허겁지겁 대충 짐을 챙겨 떠나려고 했다. 그때 자매의 친척으로 보이는 한 청년이 찾아와 주변을 둘러보며 말했다.

"이런, 사람을 쏘아 죽였군."

그러고 보니 아파트 출입구 바닥에 핏자국이 남아 있었다. 혹시 그 청년이 신고하지 않을까 조바심이 났다. 언젠가 강도가 들어 누가 총으로 쏘아 죽인 듯이 보였다. 시체를 치우고 대충 바닥을 닦아 놓았지만, 그 내막을 전혀 몰랐다. 어쨌든 빨리 그곳을 벗어나야 한다는 생각뿐이었다.

그래서 대문 밖을 나섰다. 하지만 자매가 따라오지 않았다. 아이들이 말을 안 들어 지체되는 듯하였다. 복도에 있는 화장실에 들어가 소변을 보고 나왔다.

그때까지 자매는 대문 밖에 서서 빨리 나오라고 아이들을 재촉하고 있었다. 하지만 더 이상 지체할 시간이 없었다. 나 혼자 아파트 계단을 내려가 운동장을 가로질러 정문으로 걸어갔다.

마침 동기생이 정문을 지키고 있었다. 점심시간이 막 끝나 문을 잠그려고 하였다. 점심시간만 정문을 개방하되 규율을 위해 직원을 세웠다. 그가 나를 보고 소리쳤다.

"빨리 와! 시간이 다 됐어!"

그렇게 나는 밖으로 나가고, 어떤 사람이 안으로 들어가자 문이 잠겼다. 자매에 대한 걱정이 앞서 휴대폰을 찾아보았다. 다행히 남방 주머니에 있었다.

"휴대폰으로 연락하겠지."

그리고 자동차 키를 찾아보니, 자동차 키도 바지 주머니에 있었다. 휴대폰과 자동차만 있으면 어디 있든지 다시 만날 것으로 믿어졌다. (2009. 8. 6)

1046. 통나무 짐

서울에서 여종의 친구들이 내려온다고 하여 예수가족 카드를 만들었다. 일찍이 기도를 부탁한 일이 있었던바 중보기도 가족으로 신청받기 위해서였다.

예수나라 정관에 따라 단순히 방문한 손님을 비롯하여 기도, 후원, 교회, 연수, 생활, 명예가족이 있다. 그리고 예배당 뒤쪽에 있는 침상에 누웠더니 환상이 보였다.

눈앞에 세상살이가 쭉 펼쳐졌다. 옆에서 예수님이 지켜보고 계셨다. 내 어깨에 있던 짐이 던져졌다. 나는 그동안 나도 모르게 무거운 통나무를 어깨에 메고 살았다. 아무런 의식 없이 그저 그렇게 무거운 짐을 메고 살아왔다.

그런데 세상살이 가운데 던져진 통나무를 보니, 거의 다 썩은 썩배기로 내려놓자 먼지가 풀썩 일어났다. 통나무의 원래 모습은커녕 옹이조차 보이지 않았다.

그야말로 다 썩어 거름에 가까웠다. 그런데도 통나무는 물을 잔뜩 머금고 팅팅 불어 있었다. 그래서 짐이 무거웠고 허리가 꼬부라질 수밖에 없었다.

언제부터 그 통나무를 지고 다녔는지 기억조차 없었다. 아주 오래전부터 그렇게 살아온 것으로 짐작될 뿐이었다. 하지만 특별히 감각은 없었다.

아무튼 그렇게 통나무 짐이 던져지자 너무나 시원하다는 느낌이 들었다. 주님의 사랑과 구원의 손길에 깊은 감사를 드렸다. (2009. 8. 9. 주일)

1047. 인생 체크기

내 인생 체크기로 보이는 작은 기계가 하나 보였다. 어쩌면 내 인생의 좌표를 점검하는 표시등처럼 보였다. 그 위에 5개의 작은 녹색등이 켜져 있었다. 그런데 갑자기 첫째와 둘째 녹색등이 꺼지면서 옆에 있는 황색 등이 켜졌다.

"아니, 갑자기 왜 이래? 무슨 일이 또 생긴 거 아냐?"

그리고 주변을 두리번거리며 살펴보았더니, 순간 황색등이 꺼지고 녹색등으로 바뀌었다. 잠시 경고등이 켜졌다가 다시 돌아온 것으로 보였다. 무슨 일이 일어날 것만 같아 불안하였다. (2009. 8. 20)

1048. 귓속 환약

어느 고목 아래 누워 있었다. 오른쪽 귓속에 무슨 환(丸) 같은 약이 들어갔다. 귀를 후비며 위를 쳐다보니 나무 위에서 아이들이 놀고 있었다.

벌떡 일어나 왼손으로 귓바퀴를 잡고 오른손으로 귓구멍을 벌리며 옆으로 흔들었다. 그러자 무수한 환약이 쏟아져 나왔다. 마치 모래시계 속에서 모래가 쏟아지는 듯하였다.

그 양이 적어도 한 봉지는 넘어 보였다. 귓구멍이 시원하다는 느낌이 들었다. 그동안 답답해서 어떻게 지냈는지 나도 놀랐다. (2009. 8. 22)

1049. 새로운 만남

가족과 함께 초등학교 운동장에 누워서 하늘을 쳐다보고 있었다. 그때 저 멀리서 부엉이 한 마리가 날아오고 있었다. 점점 더 가까이 오는 것을 보니 초대형 부엉이였다.

그런데 자세히 보니 날아오는 것이 아니라, 무슨 비행물체처럼 둥둥 떠서 다가오고 있었다. 우리 위를 지나가며 우리를 내려다보았다. 가까이서 보니 정말 컸다. 노랗고 동글동글한 눈을 가지고 있었다.

얼마 후 저만큼에서 사뿐히 내려앉더니 사람으로 변했다. 농사꾼 아저씨처럼 보였다. 아닌 게 아니라 가까이서 보니 아주 인자한 농부처럼 보였다. 조심스럽게 한마디 건넸다.

"아저씨는 조금 전에 부엉이였잖아요?"

"맞아요. 하지만 사람이 될 수밖에 없었어요."

그리고 그는 자기 가족에게 줄 음식이 필요하다고 하였다. 그래서 우리가 가진 시루떡 한 덩이를 건네주었다.

"이것이면 되겠어요?"

"그 반이면 되겠네요."

하면서 우리가 건네준 시루떡 절반을 갈라 도로 주고 반만 가지고 갔다.

자매와 함께 병아리 2마리를 옮겼다. 몇 번이나 상자에서 나오려고 하여 다시 붙잡아 넣었다. 하지만 목적지에 도착하기 전에 모두 죽었다.

그래서 그 병아리는 누군가에 의해 삼계탕이 되고 말았다. 그런데 한마리는 머리가 있었으나 다른 한 마리는 머리가 없었다.

어떤 청년이 무슨 판촉을 위해 시에프(CF)를 찍고 있었다. 그런데 팬티만 입고 있어 너무 이상하였다. 주변을 둘러보니 많은 사람이 땅에 엎드려 있었다. 노동자들로 보였다. 그 청년이 그들을 밟고 이리저리 바쁘게 뛰어다녔다.

새벽예배를 드린 후 설교 원고를 훑어보다가 피곤하여 잠시 누웠다. 천정에 작은 녹색 알갱이들이 알알이 박혀 있었다. 그런데 그것이 점점 커지더니 먹음직한 청포도가 되어 주렁주렁 매달려 있었다.

예배당 뒤쪽에 냉동실 건조대로 사용한 선반이 있었다. 그것을 간이 침대로 사용하였다. 거기서 다음 예배를 준비하고 있었다. 그때 강릉에서 손님이 왔다. 언젠가는 내가 그의 장례를 치러야 할 것으로 보였다.

(2009. 8. 23. 주일)

1050. 섬김의 도구

분주히 오가는 사람들의 발이 보였다. 무엇에 가려 위쪽은 잘 보이지 않고 종아리 아래쪽만 보였다. 영안으로 보니 서로 사랑하는 발들도 있었고, 열심히 뛰어다니며 충성하는 발들도 있었다. 홀로 조용히 지내는 발들도 있었고, 이리저리 도망을 다니는 발들도 있었다.

서로 사랑하는 발들은 죽어도 사랑할 듯이 보였고, 열심히 충성하는 발들은 끝까지 충성할 듯하였다. 그들은 누구나 행복하게 보였으며 사나 죽으나 행복할 듯하였다.

하지만 홀로 조용히 지내는 발들은 어딘가 모르게 수심에 쌓인 듯이 보였고, 이리저리 피해 다니는 발들은 무슨 공포에 짓눌려 노심초사하는 듯하였다.

집안이 어수선하고 어지러웠다. 여기저기 툭툭 튀어나오는 크고 작은 사고들 때문에 더욱 분주했다. 어디서 어떻게 손을 써야 할지 몰라 우왕좌왕하였다.

그때 한 소년이 청소를 시작하여 나도 거들었다. 하수구부터 시작하여 건물 내부까지 말끔히 끝내고 바깥 유리창까지 닦았다.

그러자 어느새 청소가 마무리된 듯하였다. 통유리로 지어진 건물로서 어디서나 안이 훤히 들여다보였으며, 안팎이 번쩍번쩍 빛이 났다.

그 건물 안에서 사람들이 휴식을 취하고 있었다. 그때 한 어머니 품에 안겨 있는 아기가 창문에 손을 대는 모습이 보였다. 그러자 창문이 통째로 벌렁거렸다. 얼른 들어가 창틀을 고정했다. (2009. 8. 29)

제34편
자유의 함성

1051. 말 못 할 사정

지난밤 꿈에 얼마 전 돌아가신 대통령이 보였다. 새벽예배를 마치고 밖으로 나가 보니 어느 아파트 정문 옆에 대통령이 앉아 있었다.

이른 시간에 얼굴이 불그스레하고 피곤한 기색이 역력하였다. 어디선가 밤새 술을 마신 듯했다. 대통령 옆에는 흰색 소형 승용차가 세워져 있었다.

오랫동안 세차를 하지 않아 상당히 더러웠다. 언젠가 접촉사고가 난 듯 뒷바퀴 위쪽이 심하게 찌그러져 있었다. 그냥 지나치기 민망하여 한마디 건넸다.

"피곤하신가 봐요?"

"괜찮아요."

그때 영부인이 방금 끓인 듯이 보이는 음식을 가지고 왔다. 그냥 가려고 하였으나 대통령이 함께 먹자고 강권하여 옆에 앉았다. 통감자에 돼지고기 몇 조각을 넣어 멀겋게 끓인 죽이 찌그러진 양은그릇에 담겨 있었다. 그래서 한마디 더 하였다.

"정말 서민 대통령이세요."

그러자 대통령이 싱긋 웃으며 말했다.

"우리 집 옆에 교회가 있어서요. 앞으로 그 교회에 나갈 생각입니다."

"아, 그래요! 정말 잘 생각하셨습니다."

하면서 나는 통감자 몇 개를 접시에 담아 이리저리 굴리며 껍데기를 벗기기 시작하였다. 하지만 식욕이 없어 먹을 생각은 없었다. 그때 대통령이 뭐라고 한마디 더 하고 싶은 눈치였으나 머뭇거렸다.

나는 그 모습이 안쓰러워 어떻게든 대통령을 위로하고 싶었다. 밤새 술을 마시고 새벽에 돌아온 것이나, 여전히 수심이 가득한 모습을 보고 뭔가 말 못 할 사정이 있다는 생각이 들었다.

"대통령님, 뜬금없이 대단히 죄송합니다만, 제가 한 말씀만 여쭤보겠습니다. 실패한 대통령과 성공한 대통령의 차이가 얼마쯤 된다고 보십니까? 제가 보기에는 49%와 51% 정도입니다."

그렇게 말하고 보니 대통령이 벌써 저만큼 가고 있었다. 얼굴의 수심은 여전히 가시지 않았고, 무엇인가 끝내 할 말이 있는 듯하였다. (2009. 8. 30)

1052. 거미와 모기

새벽 4시 반이면 어김없이 알람이 울린다. 얼마 전에 5분을 늦추었더니 준비 시간이 빠듯하였다. 그래서 알람이 울리면 즉시 벌떡 일어나게 되었다.

먼저 화장실에 들렀다가 세면장으로 간다. 머리 감고 세수하고, 면도하고 머리에 풀칠하고, 냉수 마시고 옷 챙겨 입고, 예배드리고 기도하고, 다음날 말씀을 준비한다. 그리고 7시쯤에 아침을 먹고 양치함으로써 본 일과를 시작한다.

오늘도 예외가 아니었다. 순서에 따라 세수하고 있었다. 그때 거의 5㎝나 되는 왕모기 한 마리가 내 주변을 맴돌고 있었다.

"아니, 세상에! 이렇게 큰 모기도 있었나? 물리면 큰일 나겠구먼!"

하면서 옆에 걸린 수건을 걷어 세차게 내리쳤다. 하지만 어림없었다. 날아다니는 곤충이라 쉽게 잡히지 않았다. 2번, 3번, 4번에 걸쳐 내리쳤다. 세탁기 뒤쪽으로 떨어졌으나 죽었는지 살았는지 분명치 않았다. 그리고 세수하고, 면도하고, 머리 풀칠까지 마쳤다.

얼마 전까지 머리카락이 줄줄 늘어져 매일 머리를 감았으나, 이곳으로 이사한 후에는 간혹 머리를 감지 않는다. 이발사가 내 머리의 특성을 알고 뒷머리를 약간 길게 깎기 때문이다.

그래서 잠을 자고 일어나도 머리가 가지런하였다. 세수하고 빗으면 금방 반듯하게 빗겨졌다. 대신 낮에 작업을 하고, 샤워를 한다.

그런데 세면장에서 준비를 끝내고 나가려고 하는 순간, 천정 모서리 거미줄에서 치열한 공방이 벌어지고 있었다. 거미줄에 그 왕모기가 걸려 있었던 것이다.

왕모기는 빠져나가려고 퍼덕거리는 반면, 발이 길고 몸이 가는 거미는 이리저리 돌아다니며 포박할 기회를 엿보고 있었다.

거미의 긴 발이 가까이 다가가자 모기의 날개는 어김없이 퍼덕거렸다. 한참을 지켜보았으나 밀고 당기는 공방은 쉽게 끝날 것 같지 않았다.

"에이, 어떤 결론이 나겠지."

하면서 밖으로 나왔다. 그리고 아침을 먹은 후 양치를 하려고 세면장에 들어갔더니, 거미줄에 돌돌 말린 왕모기의 주검이 보였다. 어떻게 끌어올렸는지 거미줄 맨 위쪽에 걸려 있었고, 그 위에 거미가 올라가 피를 빨아먹고 있었다.

'음, 남의 피를 빨아먹기는 거미나 모기가 다를 바 없군. 그런데 나를 위협하던 모기를 잡아준 거미가 고맙기는 하네. 내가 4번이나 실패하고

놓친 것을 거미는 힘들이지 않고 간단하게 해치웠어.' (2009. 8. 31)

1053. 작은 예수

그동안 쌓인 피로를 풀기 위해 잠시 휴가를 떠났다. 어느 기도원에 도착하여 며칠 쉬었다. 비바람이 몰아치는 느낌이 들었다. 미닫이를 열고 옆방으로 들어가 보니, 아닌 게 아니라 천정이 뚫어져 비가 샜다. 방의 절반쯤이 젖었다. 벽을 만져보니 벽지가 벌떡 일어나 있었다.

그때 막 들어온 후배가 있어 강당으로 데리고 갔다. 벌써 많은 사람이 줄을 서 기다리고 있었다. 강단 아래쪽 마루가 사람들로 가득 채워졌다.

맨 뒤에 후배가 섰고 그다음에 내가 섰다. 방금 들어온 후배 외에는 모두 선배로 보였다. 각자가 악보를 들고 찬양을 하였다. 그런데 악보의 가사가 아주 특이했다.

"백 원, 백 원, 백 원…."

'백 원'이라는 가사가 끝없이 이어졌다.

그동안 윤 씨 일을 하면서 너무 힘들다는 생각이 들었다. 일이 힘든 것이 아니라 윤 씨가 힘들게 하였다. 하지만 그때마다 성령님이 일깨워 주셨다.

'윤 씨가 아니라 작은 예수다!'

윤 씨를 예수님 섬기듯 하라는 말씀이었다. 그때 이 말씀이 문득 생각났다.

'여기 서 있는 작은 자 하나에게 한 것이 곧 내게 한 것이다.' (마태복음 25. 40)

그래서 어떤 어려움이나 모욕, 수치, 모함도 기꺼이 참을 수 있을 것 같았다. 수시로 힘들게 하는 윤 씨였지만 작은 예수로 최선을 다해 끝까지 섬길 것을 다짐하였다. 이제까지 아무도 하지 못한 일, 아니 아무도 하지 않은 그 일을 내가 한다는 생각에 마음이 뿌듯하였다.

그러나 여전히 마음 한구석은 불안하였다. 오늘은 어디서 나를 어렵게 할지 모른다는 생각이 들었다. 나를 깎아내림으로써 자신이 높아지고 싶었을 것이다. 얼마나 무시를 당하고 살았으면 그럴까 하는 생각이 들었다. 그래서 그 마음이 일면 이해도 되었다.

그것이 하나님께서 주시는 인내와 미소의 훈련으로 여겨졌다. 먼 훗날 아무도 받지 못하는 상급을 내가 받는다고 생각하니 기쁨이 솟아났다. 작은 예수의 은혜가 한없이 고마웠다. (2009. 9. 15)

1054. 믿음의 경주

'정열(情熱)'이라는 주정뱅이가 수시로 다가와 유혹하였다. 시도 때도 없이 날마다 치근거려 정말 힘들었다. 술은 좋은 것이니 함께 마시고 즐기자는 것이었다.

처음 몇 번은 예의를 갖춰 정중히 사양했으나 끊임없는 요구에 더 이상 외면하기 힘들었다. 그와 자리를 함께하는 순간 보기 싫은 술을 마시게 될지 모른다는 생각에 좌불안석이었다.

그는 이미 많이 취해 있었다. 뭐라고 중얼거리며 밖으로 나가는 모습이 보였다. 밖에서 심상찮은 소리가 들렸다. 조마조마하여 밖을 내다보니, 그가 처마 밑에 쓰러져 있었다.

일하던 아주머니가 급히 달려와 부축하는 모습이 보였다. 그제야 안심이 되었다. 그가 끌려감으로써 내가 오만한 자리에 앉지 않아도 되었기 때문이다.

체격이 건장하고 뚱뚱한 친구와 홀쭉하고 빈약한 친구가 날마다 믿음의 경주를 하였다. 건장한 친구가 빈약한 친구를 판판이 이겼다.

그러던 어느 날, 결승으로 보이는 중요한 경기가 있었다. 평소와 같이 건장한 친구가 먼저 결승점에 도착하였다. 그리고 나란히 놓여 있는 대나무 막대기 하나를 집어 하늘 위로 던졌다.

그 대나무 양쪽 구멍에 믿음의 두루마리가 끼워져 있었고 속에는 화약이 들어있었다. 그 화약이 폭발함과 동시에 믿음의 두루마리가 밖으로 빠져나와 모든 사람이 볼 수 있도록 활짝 펴져야 이기는 것이었다.

그런데 먼저 도착한 뚱뚱한 친구가 대나무 막대기를 높이 던졌으나, 속에 들어있는 화약이 폭발하지 않아 그대로 땅에 떨어지고 말았다. 그리고 양쪽 구멍에 막혀 있던 두루마리가 빠져버렸다. 두루마리가 펴지지 않아 글귀를 읽을 수 없었다.

그때 홀쭉한 친구가 땀을 뻘뻘 흘리며 결승점에 도착했다. 가쁜 숨을 몰아쉬며 자기 앞에 놓인 대나무 막대기를 하늘 높이 던졌다. 그러자 대나무 통속의 화약이 폭발하면서 양쪽에 끼워져 있던 두루마리가 활짝 펴지며 글귀가 보였다.

'성숙한 그리스도인의 삶'

그것을 보고 뚱뚱한 친구가 성질을 내며 펴지지 않은 자기 두루마리를 집어 멀리 던지는 모습이 보였다. 그러자 저만큼 떨어진 건물의 벽에 부딪힌 후 두루마리가 활짝 펴졌다.

'포괄적 그리스도인의 법'

그렇게 해서 결국은 홀쭉하고 빈약한 친구가 최종 승리를 거두었다. 그야말로 유종의 미를 장식하였다. '성숙한 그리스도인의 삶'이라는 그 글귀가 더욱 돋보였다. (2009. 9. 20)

1055. 지혜의 등불

무엇인가 수세에 몰린 듯 초조한 분위기에 휩싸여 있었다. 누군가의 도움으로 '연로하고 경험이 풍부한 변호인'을 만나게 되었다.

그리고 비록 짧은 시간이나마 내게 큰 은혜를 끼친 '바르고 성실한 목사님'이 나타나 나를 도와주었다. 그때 내 뱃속에 들어있던 이물질이 한꺼번에 쏟아져 나왔다.

무엇인지 모르지만 특별한 의미가 있는 꿈을 꾼 것으로 여겨졌다. 그러고 보니 변호인의 조력과 목사님의 조언은 내 인생사에서 지혜의 등불이었다. (2009. 9. 23)

1056. 안경

무슨 일인지 모르지만 분주하게 마무리하고 좁은 길을 따라 급히 올라가고 있었다. 몇 발짝 더 올라가면 넓은 길이 있었고, 그 길을 따라 조금 더 내려가면 우리 집이 있었다.

그런데 그 길을 보는 순간 내 눈이 흐릿하다는 느낌이 들었다. 눈을 만져보니 안경이 없었다. 너무 서두르다 안경을 두고 왔던 것이다. 그 안경은 작업할 때 쓰는 뿔테 안경이 아니라 예배드릴 때 쓰는 다초점 안경이었다.

안경을 가지러 내일이나 갈까 하다가 언제 필요할지 몰라 즉시 가기로 하였다. 그래서 서둘러 돌아가기 시작했다. 급히 처리할 서류를 옆에 끼고 있었지만 맡길만한 곳이 없어 그대로 끼고 달렸다. 그때 해가 서산으로 뉘엿뉘엿 넘어가고 있었다.

그렇게 한참 달리다 보니 어느새 해는 지고 어둠이 내렸다. 얼마 전 모내기를 마친 논 위를 정신없이 달리고 있었다. 골골이 파르라니 자라는 모들이 보였다. 논이 넓어 무슨 평야처럼 보였다. 반듯반듯하게 구분된 다래기마다 일직선으로 그어진 논둑도 보였다.

그런데 논둑을 대리석으로 만들어 놓았던바 걸려 넘어질까 조심스러웠다. 하지만 기우였다. 논둑에 걸리기는커녕 발이 논바닥에 닿지도 않았다. 나는 마치 논 위를 사뿐사뿐 날아가는 것처럼 느껴졌다.

아무튼 그렇게 논을 지나가다가 보니 어느덧 주변이 캄캄하였다. 사방천지가 아무것도 보이지 않았다. 그야말로 칠흑 같았다. 하지만 가던 길을 멈추거나 돌아갈 수 없어 감각적으로 달리고 또 달렸다. 아예 눈을 감고 달렸다.

그렇게 한참 가다가 눈을 떠보니 휘영청 밝은 달이 하늘에 떠 있었다. 주변이 대낮처럼 환했다. 평야를 지나자 끝에 구릉지와 야산이 나타났다. 곳곳에 무덤이 보였다. 상당한 시간이 흐른 듯 밤이 이슥하였다. 달도 곧 기울 듯하였다.

그때 비로소 기억이 났다. 내 안경을 둔 곳이 첫째 무덤 위라는 것을. 그래서 평야가 끝나는 즉시 우측으로 돌아섰다. 그런데 얼마나 빨리 달렸는지 첫째 무덤을 지나 산 중턱에 있는 둘째 무덤에 서 있었다.

그 무덤을 보는 순간 전신에 소름이 쫙 끼쳤다. 달도 반쯤 기울어 무덤 뒤쪽의 절반은 흑암에 휩싸여 있었다. 무덤 위의 풀도 깎지 않아 으스스 소리를 내었다. 양쪽 발을 모아 쭉 뻗고 양손을 브레이크 삼아 비탈길을 미끄러지며 급히 내려갔다.

첫째 무덤은 둘째 무덤 아래쪽 구릉지에 있어 아직 달빛이 환하게 비치고 있었다. 그 무덤 위의 풀도 매끄럽게 깎아져 봉분이 또렷하게 보였다.

무덤 안쪽 봉분 위에 내 안경이 있었다. 부득이 무덤을 한 바퀴 돌아야 했다. 무섭다는 생각이 뇌리를 스쳤지만, 선택의 여지가 없었다. 그나마 아직 달빛이 비치고 있어 다행이었다.

금세 달이 넘어갈 듯하였다. 횅하니 무덤을 돌아 안경을 낚아채 들고 나왔다. 순간 온몸에 소름이 쫙 끼쳤다. 얼마나 무서웠던지 꿈에서 깨어나 현실로 돌아오게 되었다. 내 몸은 여전히 바르르 떨리고 있었다.

(2009. 9. 25)

민족 고유의 명절인 중추절을 맞아 우리 교회도 조촐한 선물을 마련하였다. 먼저 우리 교회 중보기도 가족들 가운데 불우한 이웃 2명에게 선물할 양말을 샀다.

그리고 그동안 우리 교회의 전기와 십자가 등의 공사를 도맡아 해주었을 뿐만 아니라, 비록 중고품이나 선풍기 2대와 앰프까지 후원한 소리사 집사님에게 감사 표시를 하였다.

시장에 가서 선물을 둘러보았으나 마땅한 것이 없었다. 자매가 한우 고기가 명절 선물로 좋다고 하였다. 몇 근이면 되겠느냐고 물었더니 최소한 3근은 되어야 한다고 했다.

자매가 자주 가는 푸줏간에 들렀다. 추석이라 고깃값이 비쌌다. 멈칫멈칫하다가 3근을 사고 카드로 63,000원을 결제하였다. 그리고 가게에 들렀더니 집사님이 일하러 가고 없었다. 고기를 냉장고에 넣어두고 돌아왔다.

그런데 그날 이후 영 마음이 편치를 않았다. 며칠 전 설치한 앰프가 갑자기 먹통이 되었다. 아무리 살펴보아도 원인을 찾을 수 없었다. 집사님에게 도로 갖다 주려고 하였더니 미안한 마음이 들었다.

그동안 잘 나오던 앰프가 갑자기 고장이 났다고 하면 서로 어색할 것 같았다. 금방 추석 선물을 주고 와서 대가를 구하는 것처럼 느껴져 더욱 그랬다. 20년이 넘은 앰프라 수명을 다한지도 모른다는 생각이 들었다.

앰프에 붙어있는 스티커를 보고 전화를 했더니 가정집이 나왔다. 인터넷으로 그 업체를 찾아보았으나 아예 없었다. 중고 앰프를 새로 구입하려고 인터넷을 찾아보았지만, 그마저 시원찮았다. 이래저래 마음이 계속 편치를 않았다.

앰프를 걷어 한쪽에 두었다. 그렇게 며칠이 지났다. 새벽예배를 마치고 묵상할 때 주님의 세미한 음성이 들여왔다.

"아직도 모르겠느냐? 내가 그에게 앰프를 후원하라고 시켰다는 사실을. 내가 그의 마음을 감동했다는 말이다. 나의 영으로 은혜를 베푼 것을 이성의 잣대로 보상하면 후원자의 보람은 어디서 찾겠느냐? 성령의 감동을 훼방한 것이 아니냐?"

"오, 주여! 정말 그렇군요. 제가 미처 몰랐습니다. 이 부덕한 종을 용서하여 주소서."

그리고 다음 날 집주인으로부터 상수도 공사 대금이 입금되었다. 가장 먼저 공동체 카드로 결제한 63,000원을 입금하였다. 그러자 마음이 한결 편하다는 느낌이 들었다.

'그래, 일단 집사님에게 앰프를 갖다 주자. 수리할 수 있으면 하고 안 되면 버리자. 그리고 다른 것을 알아봐 달라고 부탁하자.'

그래서 앰프를 소리사에 맡기고 돌아왔다. 그런데 잠시 후 연락 오기를 아무 이상이 없다고 했다. 그리고 저녁때 가지고 올라와 다시 봐주겠다고 하였다. 얼마 후 앰프를 가지고 온다는 연락이 왔다. 막간을 이용하여 기도하였다.

"오, 주여! 주님께서 선히 여기시면 앰프 소리가 우렁차게 쾅쾅 나오게 하소서."

그러자 집사님이 앰프를 가지고 들여왔다. 테스트기로 이리저리 대며 살펴보더니 역시 이상이 없다고 하였다. 그리고 선을 찾아 끼우자 정말 우렁찬 소리가 꽝꽝 터져 나왔다.

"오, 주여!"

그 후 보름이 지난 지금까지 아무 고장 없이 앰프가 잘 나오고 있다. 어딘가 모르게 접촉 불량이 있었던 것으로 여겨졌지만, 그마저 주님께서 선으로 합력시켜 주셨다. (2009. 10. 2)

1058. 주사

어느 세미나에 참석하여 강의를 듣고 있었다. 그런데 오전 10시가 되자 갑자기 사이렌이 울렸다. 그때 사람들이 자리에서 벌떡 일어났다. 그러자 강사가 강단에서 내려오더니 먼저 내 오른쪽 팔뚝에 주사를 놓았다.

"음, 여기가 어제 놓은 그 자리구먼."

하고 어제 놓은 주사 자국 옆에 바늘을 꾹 질렀다. 그리고 팔꿈치 옆에도 한 방을 더 놓았다. 그곳은 오래전 피를 자주 뽑았던 자리였다. 새살이 돋아나 피부 색깔이 연하고 붉었다.

"그래, 하나님의 은혜가 크지 않느냐?"

하고 그가 연거푸 주사 두 방을 더 놓고 서둘러 뒷사람에게 갔다. 세미나에 참석한 사람에게 다 주사를 놓을 듯했다. 그래서 참석자들이 자리에서 일어나 팔뚝을 걷었다.

그런데 이상하게도 유독 나에게만 여러 번 주사를 놓았다. 그만큼 상처가 컸다. 하나님의 은혜가 각별하신 것으로 여겨졌다. 그래서 주사로

인한 불만은 없었다. (2009. 10. 3. 추석)

1059. 타이어

사람으로 치면 환갑이 훨씬 넘은 고물차를 타고 어느 가파른 언덕길을 올라가고 있었다. 정상까지 거의 다 올라갔을 때 핸들이 우측으로 쏠려 더 이상 올라갈 수가 없었다.

자동차가 스스로 우측 풀숲에 들어가 멈춰 섰다. 지나가던 화물차 운전사가 힐끗 보며 우측 뒷바퀴가 터졌다고 손짓으로 일러주었다.

차에서 내려 보니, 아닌 게 아니라 타이어가 낡아 찢어지고 튜브가 삐죽 튀어나와 있었다. 걸레 조각처럼 갈기갈기 찢어져 너덜너덜하였으며 교체할 수밖에 없었다.

그리고 다른 바퀴도 살펴보니 마찬가지였다. 타이어가 거의 다 닳아 홈이 없었으며 바닥이 평면으로 반들반들하였다. 특히 우측 앞바퀴 타이어는 휴짓조각처럼 찢어져 있었으며, 튜브가 옆으로 삐죽이 빠져나와 풍선껌처럼 부풀어 있었다. 살짝 건들기만 하여도 터질 것 같았다.

"4개 다 갈아야겠어!"

하면서 길 위쪽을 보니 약 10m 전방 산마루에 타이어 간판이 붙은 정비업소가 있었다. 그때 누군가 다가와 도와주려고 하였다. (2009. 10. 3. 추석)

어느 뷔페식 식당에서 점심을 먹으려고 줄을 서 있었다. 공교롭게도 내 바로 앞에서 밥이 떨어졌다. 아주머니가 밥을 가져오기까지 기다릴 수밖에 없었다. 잠시 후 김이 무럭무럭 나는 밥이 나왔다.

그때 느닷없이 '이기자' 자매가 나타나 주걱으로 밥을 이리저리 뒤집으며 푸기 시작하였다. 밥을 먹다가 부족하여 추가로 가져가는 듯했다. 그래서 잠시 더 기다렸다.

그리고 밥을 담아 가면서 보니 반찬도 떨어지고 없었다. 마침 찬모가 생선을 가지고 나왔다. 그런데 생선을 보니 살 토막은 없고 바싹 마른 대가리만 있었다.

그때 '새치미' 자매가 반찬을 가지러 왔다. 역시 밥을 먹다가 반찬이 부족해서 다시 온 듯하였다. 하지만 생선살은 보이지 않고 대가리만 보이자 국을 푸기 시작했다. 그래서 또다시 기다렸다.

그런데 양재기에 담긴 생선 대가리 몇 개를 이리저리 굴리며 살펴보니 살 토막이 하나 있었다. '새치미'가 가로챌지 모른다는 생각이 들어 가장자리로 옮겨 놓았다. 그러자 국을 푸던 '새치미'가 눈을 흘기며 말했다.

"달려들지 마!"

하면서 국물을 내 앞에 찔끔 쏟으며 지나갔다. 국을 많이 퍼서 실수로 쏟은 것이 아니라 생선살을 가져가지 못해 심술을 부린 듯하였다.

그때 '새치미'가 쏟은 국물이 내 옷에 조금 튀었다. 하수구가 바로 내 발 아래 있어 의심하는 사람이 없었다. 그래서 또다시 지체할 수밖에 없었다. '이기자'와 '새치미'의 방해로 내 점심은 많이 늦었다. (2009. 10. 12)

1061. 지네

작은 토끼장처럼 보이는 닭장 2개가 나란히 있었다. 왼편에는 어미 닭 1마리만 있어 다소 여유가 있었으나, 오른편에는 어미 닭과 병아리들이 같이 있어 복잡하였다.

그래서 오른편 닭장에 있는 병아리 4마리를 왼편 닭장으로 옮기려고 하였다. 그러자 어미 닭이 사납게 덤벼들었다. 어미 닭 모가지를 잡은 후 겨우 2마리를 옮겼다.

그때 닭장 안쪽에서 도마뱀만한 큰 지네 1마리가 기어 나왔다. 얼른 떨쳐서 걸레로 덮은 후 대가리를 짓이겨 버렸다. 대가리 부서지는 소리 가 뿌지직 들렸다.

그런데 그 걸레 속에 또 1마리의 지네가 있었다. 그놈도 대가리를 짓이 겨 죽여 버렸다. 그러자 이번에는 걸레 위쪽에 실오라기 같은 작은 지네 가 보였다.

그놈은 이미 죽은 듯이 보였지만, 그래도 미심쩍어 통째로 문질러 흔 적도 없이 뭉개 버렸다. 그렇게 3마리 지네를 동시에 처리하였다. (2009. 10. 19)

1062. 신발(1)

부지런히 돌아다니며 일하다 보니 신발이 헤진지도 모르고 지냈다. 그때 주님이 살며시 다가와 말씀하셨다.

"신발은 괜찮은가? 다시 손을 안 봐도 되겠는가?"

그러고 보니 언젠가 주님이 내 신발을 고쳐주신 적이 있었다.

"글쎄요?"

하면서 그동안 보지 못한 신발을 살펴보았다. 먼지투성이 왼쪽 신발을 보니 우측 가장자리 중간이 손가락 한 마디쯤 헤져 구멍이 뚫어져 있었다.

그리고 오른쪽 신발을 보니 겉보기에는 멀쩡했으나 코를 들어보니 뚜껑이 확 열렸다. 발뒤꿈치 부분에 손가락 한 마디쯤만 붙어 있었고 테두리는 거의 다 떨어지고 없었다.

"저런, 다시 고쳐야겠어!"

주님은 그렇게 말씀하셨으나 나는 아예 신발을 바꿨으면 하고 생각하였다.

그리고 다른 환상이 보였다. 우리가 일하러 다니는 좁은 길이었다. 그나마 잡초가 우거져 길이 막혀 있었다. 더 이상 올라가기 어려워 포기할까 생각하였다.

그때 주님이 다가와 평탄한 새 길을 만들어주셨다. 잡초가 덮혀 오그라진 좁은 길에 폭이 넓은 두루마리 잔디를 쭉 펴자 처음보다 넓고 탁트인 길이 생겼다. 그제야 비로소 안심되었다. (2009. 10. 31)

1063. 사랑

오, 주여!

주님은 사랑입니다.

저 또한 사랑입니다.

오, 주여!

사랑의 눈빛을 주소서

사랑의 입술을 주소서

사랑의 얼굴을 주소서

오, 주여!

사랑의 생각을 주소서

사랑의 감정을 주소서

사랑의 의지를 주소서

오, 주여!

사랑의 가정을 주소서

사랑의 교회를 주소서

사랑의 나라를 주소서

오, 주여!

지금 꼭 필요한 것은

오직 주님의 사랑입니다. (2009. 11. 1. 주일)

어느 생물체 목에 기생물이 붙어 있었다. 억지로 잡아 뜯어보니 자라 같기도 하고 거북이 같기도 하였다. 그런데 껍질을 벗겨놓은 듯 투명한 몸을 가지고 있었다. 너무 징그러웠다. 어찌 보면 공상 영화에 나오는 외계 생명체 같았다.

게다가 그 기생물 목에 또 다른 기생물이 붙어 있었다. 잡아 뜯어보니 개구리 2마리였다. 역시 투명한 몸체에 찐득찐득한 물질이 묻어 있었다. 어찌 보니 우주 기생물 에이리언(alien) 새끼 같았다.

그것을 그대로 죽이기가 왠지 꺼림칙하여 멀리 가져가 버리기로 마음을 먹었다. 그래서 오른손에는 2마리의 개구리를, 왼손에는 자라처럼 생긴 그 기생물을 들고 밖으로 나갔다.

어느 재래시장을 지나갈 때였다. 그들이 대가리를 번쩍 들더니 내 손가락을 깨물려고 하였다.

"아니, 이놈들이!"

하면서 콘크리트 바닥에 패대기를 쳤다. 그러자 그들이 성질을 내면서 잽싸게 일어나 기세등등하게 덤벼들었다. 그들의 몸이 고무줄처럼 유연하고 끈적끈적하여 아무리 패대기를 쳐도 죽지 않을 것 같았다. 공포의 대상으로 여겨졌다. (2009. 11. 4)

1065. 시트콤 인생

야외 행사를 마친 후 집으로 돌아갈 준비를 하고 있었다. 그런데 뭔가 미심쩍은 부분이 있었다. 무슨 일인지 곰곰이 생각하며 이리저리 배회하였다.

그러다가 나 자신을 보고 깜짝 놀랐다. 사람들이 보는 앞에서 내가 담배를 피우고 있었다. 그것도 줄담배를 피웠다. 게다가 어떤 목사님도 담배를 피우지 않았는가 하면서 나를 위로하려고 하였다.

그때 내 친구와 그의 아들이 차에 무슨 짐을 실어야 한다고 하면서 키를 달라고 하였다. 그래서 키를 주었더니 글로버박스에 담배 한 갑을 숨겼다.

"아니, 그까짓 것을 왜 숨기느냐?"

"누가 볼까 봐 그렇지!"

잠시 이런저런 얘기를 나누자 집에 돌아갈 시간이 되었다. 그때 우리가 직접 농사를 지어 말려둔 고추 두 포대가 있었다. 그들에게 고추를 실어달라고 하였더니 친구가 농담하였다.

"내 고추는 이미 내가 실어놓았어."

그러자 그의 아들이 박장대소하며 말했다.

"아이 참, 아버지는, 그 고추 말고요!"

그리고 우리는 고추를 실으려고 다가갔다. 그런데 내 양손에 진흙이 더덕더덕 묻어 있어 또 시간을 지체하게 되었다. 마침 길옆에 수도가 보였다. 수도 아래 고무대야에 허드렛물이 한 통 담겨 있었다.

그 물로 대충 씻었으나 착 달라붙은 찰흙이라 잘 씻기지 않았다. 처음

부터 다시 씻었다. 우선 맹물로 씻은 후 비누로 다시 씻고, 흐르는 물에
또 헹구었다.

"그래, 아무리 바빠도 모든 일에는 순서와 절차가 있는 법, 무턱대고
나대며 서두르지 말자!" (2009. 11. 5)

1066. 바람결 소리

자매가 괜한 트집을 잡아내 심사를 어지럽게 하였다. 가뜩이나 저기압
상태에 있다가 결국은 폭발하고 말았다. 막말을 퍼부으며 욕설도 마다치
않았다.

"당신, 목사님 맞아요?"

그 말을 듣는 순간 내 눈앞에 환상이 나타났다. 매일같이 앉아 설교
준비와 성경 공부를 하던 자리에 온갖 잡동사니 물건이 너절하게 깔려
있었다. 드라이버, 펜치, 망치, 송곳 등 온갖 연장들과 보수하고 남은 건
축 쓰레기들이었다.

"오, 주여! 이제 정리할 것은 정리하게 하시고, 치울 것은 모두 치우게
하소서. 이 종이 한 자매도 인도하지 못하면서 어찌 나라와 민족과 백성
을 경영할 수 있겠습니까?" (2009. 11. 6)

1067. 도우미

점심을 거르면서 저녁까지 콩을 털었더니 몸이 피곤하였다. 일찍 자리에 누워 잠이 들었다가 깨어나 보니 밤 10시였다.

"주님, 지금 일어나 교정을 볼까요? 그냥 누워 있을까요?"

하지만 응답이 없었다. 그대로 누워 뒹굴고 있었다. 11시를 알리는 알람 소리가 들렸다.

"주님, 지금 일어나 교정을 볼까요? 그냥 누워 있을까요?"

역시 응답이 없었다. 그러다가 비몽사몽 중에 교정을 생각하였다.

"한 제목으로 쓰면 너무 길고 3개 정도로 나누면 어떨까?"

그때 환상이 보였다. 어떤 자매가 내 일을 도와준다고 하면서 작업실로 들어왔다. 이어서 3명의 도우미 자매가 더 들어왔다. 뭔가 이상하다는 느낌이 들었다.

"내 머리로 하는 교정 작업을 자매들이 어떻게 도울 수 있을까?"

그러고 보니 4명의 자매가 모두 검은 옷을 입고 있었다. 각자의 침대도 가지고 있었다.

"주 예수 그리스도의 이름으로 내가 도우미들에게 명한다! 썩 물러가라! 나는 너희들의 도움이 필요하지 않다!" (2009. 11. 7)

1068. 욕심

무슨 사고로 내가 죽었다. 그런데 돌아보니 살아 있었다. 다른 사람이 보기에는 분명히 죽었으나 내가 보기에는 확실히 살아 있었다. 눈에 보이는 겉 사람은 죽고 눈에 보이지 않는 속사람은 살아 있었다.

내가 죽었다는 소식을 듣고 달려가 죽은 나를 보았으나 실제로는 살아 있어 전혀 동요치 않았다. 아무 걱정도, 염려도, 불안도 없었다. 모든 것이 편하기만 하였다.

그때 보험회사 직원인지, 사고에 대해 보상을 하려고 온 사람인지 몰랐으나, 내 죽음에 대한 대가로 1억5천만 원을 준다고 했다. 그러자 옆에 있던 내 누이가 생각 밖의 큰돈에 놀라며 나에게 물었다.

"아버지도 보상받아야지?"

그래서 내가 대답했다.

"부질없는 욕심은 금물이야!"

그리고 다른 환상이 보였다. 자동차 정비를 의뢰했다. 견적을 받아보니 15만 원이 나왔다. 그런데 정비사가 부품이 없어 고치지 못한다고 하였다.

그때 고장 난 부품을 보니 아래쪽 절반은 쓸 수가 있었다. 마침 옆에 심부름하는 사람이 있어 대리점으로 보냈더니 그 부품의 절반을 사 왔다. 그래서 손쉽게 수리를 마쳤다.

수리비로 15만 원을 건네주었다. 그러자 정비사가 뭐라고 투덜거렸다.

"15만 원이면 남는 게 없는데?"

그러자 내 옆에 있던 자매가 말했다.

"우리가 부품을 샀으니 수리비만 드리면 되잖아요? 절반은 돌려주세요!"

사실 부품을 포함한 전체 견적이 15만 원 나왔다. 정비사의 욕심이 과하다는 생각이 들었다. 그래서 자매가 다시 말했다.

"아저씨 수리비만 받고 나머지는 돌려주세요!"

그러자 정비사가 움찔하며 물러섰다. 하지만 돈을 돌려줄 생각은 없어 보였다. 그래서 내가 나서 마무리했다.

"이제 그만 됐다!" (2009. 11. 19)

1069. 산길

새벽예배를 드리고 눈을 감았더니 금세 환상이 보였다. 어느 2차선 산길을 가다가 보니 산 중턱에 산사태가 나서 길이 막혀 있었다. 상당한 세월이 지난 듯 자연적으로 생겨난 능선처럼 보였다.

어쩌면 산허리를 간통한 터널이 무너져 내린지도 몰랐다. 그것을 보고 답답한 나머지, 나는 환상 속에서가 아니라 현실로 돌아와 간절히 기도하였다.

"오, 주여! 이제 이 가로막힌 길을 뚫어주소서. 내 가는 길이 탄탄대로가 되게 하소서."

그리고 다시 환상 속으로 들어갔더니 어느새 그 길이 뻥 뚫어져 있었다. 토사가 씻겨 나가고 그 속에 묻혀 있던 옹벽이 드러나 보였다.

잠시 잠깐 사이에 큰비가 내린 듯 세찬 물줄기에 의해 흙이 씻겨 나간 흔적이 보였다. 작은 고랑에 아직도 간간이 물이 흐르고 있었다. (2009. 11. 22. 주일)

1070. 운전사

이런저런 일들로 어느 건물 안에서 지내고 있었다. 그동안 읽지 못했던 글을 읽고 싶은 생각이 들었다. 일단 소변을 보려고 밖으로 나갔다.

늦가을 비가 주룩주룩 내리고 있었다. 처마에 제법 많은 빗물이 떨어지고 있었다. 그러다가 갑자기 억수 같은 비가 쏟아지면서 바람까지 심하게 불었다.

그야말로 한 치 앞이 보이지 않을 정도로 장대비가 쏟아졌다. 몇 발짝 앞에 떨어진 화장실에도 갈 엄두가 나지 않았다. 그래서 빗물이 떨어지는 처마 밑에서 그냥 소변을 보려고 하였다.

그때 아래쪽에서 통나무를 가득 실은 화물차가 힘겹게 올라오고 있었다. 갑작스러운 비바람에 운전사가 힘들어하는 모습이 역력하였다. 그러다가 담장 밖에 있는 주차장에 들어와 차를 세웠다. 내가 서 있는 처마 위에 관공서 주차장이 있었다.

그런데 차를 세우는 방식이 순리에 맞지 않았다. 다른 차들은 담장을 향해 전면으로 주차했으나, 그 차는 옆으로 들어가 개구리 주차를 하였다.

가뜩이나 적재량을 초과하여 많은 나무를 실은 차가 옆으로 들어가 상당히 불안하였다. 그래서 주차를 하는데도 애를 먹을 수밖에 없었다.

나는 담장 아래쪽에 있어서 자세히 볼 수는 없었지만, 적어도 3개 차선을 잡아먹은 듯하였다. 그래도 주차 공간이 좁아보였다. 그 자리에 어떻게 그 큰 차가 옆으로 들어갔는지도 의심스러웠다.

아무튼 그 화물차 앞에는 군용 트럭이 세워져 있었고, 뒤에는 지프차가 있었다. 화물차가 군용 트럭 옆구리를 살짝 들이받는 모습이 보였다.

그리고 뒤로 후진하는가 싶더니 이번에는 지프차를 슬쩍 들이받았다. 그렇게 하기를 두세 차례 하였다. 무거운 차의 하중 때문에 적당한 위치에 제대로 세우기가 어려웠다.

그때 운전사가 자기 성질을 이기지 못하고 급히 후진하는 모습이 보였다. 그러자 뒤에 있던 지프차가 내리막길로 미끄러지기 시작했다. 지프차가 비스듬히 낭떠러지에 떨어지자 화물차가 그 위에 덮쳤다.

운전사가 유리창 밖으로 튕겨 나오는 모습이 보였다. 화물칸 뒤에 실린 나무가 운전사 하반신을 짓누르며 쏟아져 내렸다. 정말 너무 비참하고 끔찍한 장면이 눈앞에 펼쳐졌다.

운전사의 바지가 벗겨졌는지, 아니면 허리가 두 동강이 났는지, 축 늘어진 상태로 운전석 뒤에 세워진 지지대에 빨래처럼 걸쳐졌다.

운전사는 성격이 급한 다혈질로 쉽게 화를 내는 사람이었다. 자기보다 강한 사람에게는 기를 못 펴면서, 자신이 보기에 만만한 사람에게는 인정사정없이 몰아붙이는 못난 인간이었다. 그 운전사가 바로 나처럼 느껴졌다. (2009. 11. 27)

1071. 지팡이

흥용한 물결 속에서 어쩌다 지팡이를 놓치고 말았다. 급물살을 타고 금세 수문 밖으로 빠져나갔다.

'아, 이제 지팡이를 찾기는 틀렸구나!'

하면서 포기하려고 하였더니, 그래도 한번 최선을 다해 찾아보라는 감동이 있었다. 그래서 보를 타고 올라가 보았다. 아닌 게 아니라 수문 밖 소용돌이 속에서 지팡이가 맴돌고 있었다. 막대기를 잡고 끌어당기자 생각보다 쉽게 건져졌다. (2009. 11. 30)

1072. 형광펜

친구 3명과 함께 어디를 가고 있었다. 매서운 눈보라가 휘몰아쳤다. 손으로 얼굴을 감싸며 커브 길을 돌다가 완전무장한 군인들을 만났다.

그 군인들이 우리에게 얼룩무늬 방한복을 한 벌씩 주었다. 그래서 우리는 모자까지 달린 방한복을 입고 눈바람을 맞으며 앞으로 나아가게 되었다.

그런데 아침부터 점심까지 홀로 시무룩하게 있다가 우리를 떠나려는 친구가 있었다. 바로 '병든 선'이었다. 그가 무지개 형광펜 세트를 나에게 주며 말했다.

"혹시 찾는 사람이 있거든 팔아 봐!"

그 형광펜 세트는 어떤 사람이 우리에게 선물로 나눠준 것이었다. 그때 그가 무엇이라고 한마디 한 것을 두고, '병든 선'은 한나절 내내 섭섭하게 생각하며 고민하다가, 결국은 우리를 떠나려고 하였던 것이다.

고갯길을 돌아서 쓸쓸히 떠나가는 '병든 선'을 보니 왠지 안타까운 마음이 들었다. 그도 역시 말은 그렇게 하였으나 그렇게 떠나는 것이 아쉬운 듯 멈칫멈칫하며 터덜터덜 걸어갔다. 그래서 가만히 두고 볼 수가 없었다.

"이봐, 친구?"

"왜?"

"이리 좀 와 봐!"

하면서 그를 데리고 양지바른 초가집 처마 밑으로 갔다. 고드름이 조금씩 녹으며 떨어지고 있었다.

"여기 앉아!"

"무슨 일인데?"

"내 말 좀 들어 봐, 이 친구야! 어떤 사람이 한번 죽었다가 다시 살아난 사람들을 찾아다니며 조사한 적이 있었다네. 그때 다시 살아난 사람들의 공통된 소원이 뭐였는지 아는가?"

"글쎄?"

"좀 더 남을 배려하고 베풀어주면서 살아야겠다는 것이었어. 그리고 자기도 좀 더 즐겁게 살고 싶다는 거야. 그런데 지금 자네의 모습은 어떤가?

다른 사람들은 아무것도 아니라고 벌써 잊어버린 일을 자네만 곱씹으며, 그를 원망하고 자신을 고통스럽게 만들고 있잖은가 말일세.

'야, 쓸데없는 소리 하지 마! 아무리 그래도 나는 내 길을 갈 거야!'

하면서 그냥 넘겨버려도 될 일이 아닌가? 알고 보면 자네를 나무랐던 그 사람보다 자네가 더 자네 자신을 힘들게 만들고 있다네. 그렇지 않은가?

이제 그따위 하찮은 일은 모두 잊어버리게. 여기 있는 누구도 그 말을 기억하지 않는다네. 그러니 자네도 스스로 자유와 평화와 기쁨을 누리게. 좀 더 남을 배려하고 자신을 기쁘게 하라는 말일세. 알겠는가?"

(2009. 11. 30)

1073. 시즌

자매의 개인파산 및 면책 신청서를 작성하였다. 그런데 또 하나의 고민이 생겼다. 양도세 체납에 따른 고충 청구를 해야 하느냐, 아니면 시효가 소멸할 때까지 기다려야 하느냐는 문제였다. 어쩌면 긁어서 부스럼을 만들 수도 있었기 때문이다.

그러니까 2003년 3월, 자매는 구제역 파동으로 1억 원 이상의 손해를 보고 건물을 팔았다. 하지만 신고 미필로 2억5천만 원의 양도세가 부과되었다. 파산 신청을 하려고 신용 보고서를 떼어 보니 그렇게 나와 있었다.

지난 며칠 동안 밤잠을 설치며 파산 신청에 매진하였더니 심신이 피곤하였다. 새벽예배를 드리기 위해 일어나려고 하였더니, 하나님의 때에 대한 말씀이 수차례 반복해서 보였다. 하지만 하나님의 말씀인지 아닌지는 불투명하였다.

'각자의 사정과 형편에 따라 가장 필요하고 적절한 기회를 주신다. 이를 가리켜 하나님의 때, 곧 시즌(season)이라 한다.' (2009. 12. 3)

1074. 열정 에너지

새벽예배를 드리고 묵상하다가 진지한 감동을 하였다. 사역자로서 하루하루를 그냥 보낼 게 아니라, 하나님의 일꾼으로서 보다 열정적으로 기도하고 전도하라는 것이었다.

그런데 나 자신을 위한 일은 그리 어렵지 않았으나, 공동체 가족과 믿지 않는 이웃을 위한 일은 그렇게 쉽지가 않았다.

'내가 과연 가족을 위해 기도하고, 이웃을 위해 전도할 수 있는가? 그럴만한 케리그마(kerygma, 말씀 설교)나 카리스마(charisma, 능력이나 자질)를 가지고 있는가?'

이런 생각이 나를 사로잡았다. 그러자면 간단명료하면서도 핵심적인 프로그램을 가지고 있어야 할 것으로 보였다. 그때 화니 재인 크로스비(Crosby, 1820-1915) 여사의 위대한 신앙 유산이 생각났다.

"그래. 이렇게 하면 되겠구나! 평소에 하던 인사 '할렐루야!'에다 '갓 블레스 유!'를 붙여 'hallelujah, God bless you!'라고 말이다.

그리고 그때마다 사정을 봐서 '할렐루야!' 뒤에 '주님의 이름으로 축복합니다!'라고 하든지, '안녕하세요!' 또는 '반갑습니다!'라고 하면 되겠어."

그때 누구나 잘 알고 있는 평범한 성경 구절들이 줄줄이 떠오르며 뇌리를 스쳐 지나갔다. 그 말씀만 인용하여도 충분할 것으로 생각되었다.

'영접하는 자, 곧 그 이름을 믿는 자들에게는 하나님의 자녀가 되는 권세를 주셨다.' (요한복음 1. 12)

'하나님이 세상을 이처럼 사랑하사 독생자를 주셨으니, 이는 그를 믿는 자마다 멸망치 않고 영생을 얻게 하려 하심이라.' (요한복음 3. 16)

'주 예수를 믿으라. 그리하면 너와 네 집이 구원을 얻으리라!' (사도행전 16. 31)

'하나님을 사랑하는 자, 곧 그 뜻대로 부르심을 입은 자들에게는 모든 것이 합력하여 선을 이루느니라.' (로마서 8. 28)

"오, 주여! 과연 그렇군요. 반드시 특별한 케리그마나 카리스마가 있어야 전도하는 것은 아니었군요."

그때 나 자신을 위한 기도로는 'You would bless me!…'로, 믿는 가족을 위한 기도로는 'Grace be with you!…'로, 믿지 않는 이웃을 위한 인사로는 'hallelujah! God bless you!…'로 하는 것이 좋겠다는 생각이 들었다. (2009. 12. 7)

1075. 거룩한 힐러

잠을 자다가 꿈속에서 보니 내 목구멍에 거북한 걸림이 있었다. 가래

같은 느낌이 들었으나 가래는 아니었고, 가시 같기도 하였으나 가시도 아니었다.

무엇인가 끈적끈적한 것이 늘 목구멍에 붙어서, 속으로 넘어가지도 않고 밖으로 나오지도 않아 답답하였다. 간질간질하기도 하고 기침이 나올 듯 말 듯했다. 어찌 보면 감기 초기 증상 같기도 하였으나 기분이 영 좋지를 않았다.

그래서 병원에 갔더니 하얀 가운을 입은 여의사가 2명 있었다. 그들이 내 증세를 보더니 대뜸 뭐라고 하면서 무슨 물약을 주며 머금고 있으라고 하였다.

그리고 그 병이 오래되어 치료에 반신반의하는 눈치였다. 그 물약을 머금고 있었더니 얼마나 쓴지 소태 같았다. 재차 머금었더니 처음보다 2배나 더 지독했다.

꿈속에서 물약을 2번 머금은 후 한숨 푹 자고 일어났다. 그런데 놀라운 일이 일어났다. 새벽 4시에 눈을 떠보니, 그동안 답답하고 거북하던 목구멍이 시원하게 뚫려 있었다. 지긋지긋한 이물질이 말끔히 사라지고 없음을 느꼈다. (2009. 12. 14)

1076. 성공의 비결

그동안 앞만 바라보며 열심히 가꾸었다. 그 결과 탐스러운 감이 주렁주렁 열렸다. 비록 과수원은 보잘것없고 작았으나 가장 능률적으로 감나무가 심겨 있었다. 감나무 또한 가장 효율적으로 결실하여 지상 최대의 수확을 안겨주었다.

감나무는 적어도 10그루가 넘었으며 어쩌면 25그루까지 되어 보였다. 모든 나무가 수양버들처럼 축축 늘어진 상태로 열매를 맺었으며, 걸어 다니며 감을 딸 수 있었다. 수확량이 2억5천만 원쯤 되었다.

그런데 해가 벌써 서산에 걸려 있었다. 금방이라도 넘어가 어두워질 듯하였다. 시간이 부족하여 일꾼들에게 전했다.

"내일 다시 따자!"

과수원도 적고 감나무도 그리 많지 않았으나 수확량은 엄청나게 많았다. 감의 크기와 맛 등 질적인 면에서도 타의 추종을 불허하였다.

그런데 알고 보니 땅이나 나무가 그 결실을 안겨준 것이 아니라, 일꾼의 열정과 노력이 성공의 비결이었다. (2009. 12. 19)

1077. 춘래불사춘

우리 집 마당에 짐이 5겹이나 쌓여 있었다. 1년에 1겹씩 벗겨질 짐이었다. 그런데 사람들이 그 짐을 나에게 맡기고 떠나갔다. 나는 짐을 감당할 능력이 없었다.

그 짐에 보험이 들어있기는 하였으나 책임과 의무를 다하지 않으면 대신 갚아줄지 의문이었다. 그래서 나는 날마다 노심초사하며 살아가게 되었다. 빚이라면 진절머리가 났기에 더욱 그랬다.

그러던 어느 날 어머니가 와서 나라에서 다 갚아줄 것이니 염려하지 말라고 하였다. 아닌 게 아니라 얼마 전 타계하여 국립묘지에 안장된 대통령이 다가오더니 아무 조건 없이 그 짐을 감당한다고 하였다.

그로부터 1년, 2년이 지나 어느덧 5년이 되어 5겹의 짐이 모두 벗겨졌다. 돌이켜 보니 그 빚을 안겨준 사람이 따로 있었고, 갚기 위해 애쓴 사람이 따로 있었으며, 실제로 갚은 사람이 따로 있었다.

그런데 우리 집 마당에 쌓인 짐이 모두 치워져 홀가분하다고 생각하던 어느 날, '봄이 오다'라는 낯익은 사람이 찾아왔다. 그가 우리 집에서 운영하는 식당에 일꾼들을 데리고 와서 음식을 먹었다.

'봄이 오다'는 우리 집 마당에 짐을 쌓아놓고 사라진 장본인이었다. 그야말로 춘래불사춘(春來不似春)이었다. 봄이 왔지만 봄 같지 않았다.

그래서 은근히 걱정이 되었다. 그는 평소 남다르게 선심을 베풀었으나, 아울러 속이기도 잘하여 숱한 사람에게 피해를 주기도 하였다.

그가 쌓아둔 짐이 사라지자 다시 찾아와 선심을 베풀었던바, 일면 고마운 마음도 없잖아 있었지만, 내심 걱정하지 않을 수도 없었다. 그런데 그 모습이 어쩌면 내 모습이 아닌가 싶어 더욱 조심스러웠다. (2009. 12. 20. 주일)

1078. 가파른 계단

좁고 가파른 계단을 따라서 작지만 높은 건물로 올라가고 있었다. 오른손에는 크고 무거운 가방을 들었으며, 왼손에는 작고 가벼운 가방과 옷가지를 들었다. 그래서 계단 난간을 잡을 수 없었고, 계단 코너를 돌아갈 때는 그 짐을 높이 번쩍 들 수밖에 없었다.

그때 나와 함께 계단으로 올라가는 사람이 2명 더 있었다. 하지만 그들은 내 짐을 들어주지 않았다. 둘 다 빈손으로 내 바로 앞과 뒤에서 올라갔다.

그러나 나는 부지런히 올라가고 있었다. 그렇게 거의 옥상까지 올라갔을 때, 코너에서 '마지막 수순'이라는 친구가 손을 내밀어 가방 하나를 들어주었다. 나는 오른손에 든 크고 무거운 가방을 주려고 하였으나, 그는 왼손에 든 작고 가벼운 가방을 가져갔다.

그때 계단이 사라지고 경사로가 나타났다. 좁고 가파른 계단 대신 만들어진 것으로 70도에 가까운 급경사였다. 비록 작은 가방을 넘겨주기는 하였으나, 여전히 양손에 짐이 있어 손잡이를 잡을 수 없었다.

다행히 경사로 바닥이 미끄럽지 않아 그나마 수월하게 올라갈 수 있었다. 바닥에 발이 착 달라붙어 스파이더맨처럼 순식간에 옥상까지 올라갔다.

그렇게 옥상에 올라가 보니 한쪽 구석에 작은 방이 있었다. 다소간의 잘못을 저지른 사람이 갱생을 위해 훈련받는 곳으로 보였다.

그런데 내가 찾는 '점차 열정'이 보이지 않았다. 한참 기다리다가 그의 친구에게 짐을 맡기고 나오려고 하였다. 일단 내 짐을 맡기고 현금까지 맡기려는 순간, 불현듯 의심이 생겨 멈칫거렸다.

'아무리 주의 종으로 훈련받는 사람도 막상 돈이 손에 들어가면 생각이 달라질 수도 있어. 돈 받을 사람이 늦게 나타날 경우라든지, 돈 맡은 사람에게 갑자기 급한 일이 생기면 우선 쓰고 볼 수도 있잖은가?

그래, 물건은 맡겨도 현금은 맡기지 않는 것이 서로 좋겠어. 계좌로 송금시켜도 얼마든지 보내줄 수 있잖아? 금액도 100만 원에 1만 원이 빠지는 99만 원이나 되니 적은 돈도 아니고.'

'아니지, 사람을 그렇게 의심하면 되나?'

'그래도 만사 불여튼튼이야. 그런데 내가 왜 또 이러지? 햄릿의 병이 도진 거 아냐?'

'어휴, 못난 사람 같으니. 사탄이 또 생각을 어지럽히는군!' (2009. 12. 21)

1079. 영혼의 정원

방구들이 꺼져서 공사를 시작했더니 하나님의 손에 상처받은 형제가 와서 도와주었다. 그래서 공사를 수월하게 마쳤다. 하지만 방바닥이 마를 때까지 하룻밤 정도는 교회당에서 잘 수밖에 없었다.

평소 우리가 자는 방에 비해 교회당은 외풍이 없고 아늑하였다. 마치 영혼의 정원처럼 느껴졌다. 창문에 걸어놓은 크리스마스트리의 전등으로 실내가 환하였다. 새벽녘에 의미 있는 꿈을 꾸었다.

교회당 출입문 옆에 실처럼 가느다란 풀들이 무리를 지어 하늘하늘 자라고 있었다. 그러다가 두 손으로 잡을 수 없을 만큼 큰 덩어리가 되었다. 수백 포기나 되는 풀들이 돌돌 뭉쳐서 속이 꽉 찬 배추보다 더 커 보였다.

그런데 얼마 후 다시 보니, 출입문 옆에만 있던 풀들이 교회당 마당에서도 있었다. 여기저기 흩어져 옹기종기 모여 풍성히 자랐다. (2009. 12. 22)

1080. 인생 건축가

성탄절 새벽예배를 드리고 무심중에 있을 때, 무너진 인생을 보수하는 건축가가 되라는 감동이 다가왔다.

'그런데 내가 정말 무너진 인생을 보수하는 건축가의 은사를 받았을까? 이제까지 몇 사람의 인생을 보수한 적이 있다고 해서, 그것으로 하나님의 은사라고 할 수 있을까?

그렇지만 하나님께서 감동을 주실 때는 그만한 이유와 목적이 있어. 아울러 필요한 은사도 주실 거야. 아니, 이미 그 은사를 받았는지 몰라. 그때그때 필요에 따라 계속 주실 수도 있고.

그러니 무엇보다도 중요한 것은 내 자신의 믿음이야. 믿음으로 받아들이는 자세가 필요해. 비록 지금은 부족할지라도. 하나님께서 하시면 무엇이나 다 하실 수 있잖아? 무너진 인생을 보수하는 건축가로서 나를 세우고 쓰실 수 있어." (2009. 12. 25)

1081. 새 판

바닥에 떨어져 있는 조각을 주워서 새 판에 맞춰 붙이고 있었다. 이미 맞춰진 조각도 더러 있었으나 빈자리에 하나씩 갖다 맞추었다.

그리고 새 판에 조각이 맞춰질 때마다 하나씩 따로 옆에 두었다. 손에 잡히는 조각마다 갖다 놓으면 척척 들어맞아 조각이 남을 것 같았기 때문이다.

그렇게 하다가 보니 어느덧 바닥에 있는 조각들이 거의 다 소진되었다. 옆에 따로 둔 조각까지 도로 갖다 붙였으나 조금 부족하였다.

그런데 바닥을 보니 그것이 전부가 아니었다. 바닥 밑에 또 조각이 깔려 있었다. 그래서 그것으로 새 판에 마저 붙이고, 남은 조각을 가져다가 다른 판에 또 붙이기 시작하였다. (2009. 12. 28)

1082. 위험한 우물

내가 일선 검사로 부임하자 수행원이 뒤따랐다. 언제 어떻게 검사가 되었는지 모르지만 내 위상이 한층 높아진 것만은 사실이었다. 항상 경찰의 도움을 받을 수 있었고, 사정에 따라 경찰서장에게 직접 전화를 걸어 도움을 청할 수도 있었다.

어느 날 양지바른 언덕에 축대를 쌓아 새로 지은 한옥을 방문하였다. 그때도 수행원이 나를 따랐다. 그는 젊고 샤프한 청년이었다.

내가 필요한 경우 그가 조언도 아끼지 않았으며, 어떤 때는 다정한 친구처럼, 어떤 때는 경호원처럼 항상 내 옆에서 나를 돕고 지켜주었다.

무슨 공원으로 보이는 벤치에 앉아 잠시 쉬고 있었다. 다른 사람도 여럿 있었다. 우리가 앉은 의자 바로 옆에 깊은 우물이 하나 있었다. 난간이 없고 바닥이 미끄러워 매우 위험하였다.

아니나 다를까 어떤 사람이 우리가 보는 앞에서 미끄러져 우물 속으로 떨어졌다. 다행히 그는 젊고 운동 신경이 발달한 사람이었다. 암벽을 타듯이 하면서 쉽게 우물을 빠져나왔다.

그런데 이게 웬일인가? 우리가 앉은 의자 앞까지 올라오더니 다시 미끄러져 우물 속으로 또 떨어지고 말았다. 이번에는 우물 바닥까지 떨어진 듯 '풍덩!'하는 소리가 들렸다.

이미 힘이 다 빠져 스스로 올라오기 어려워 보였다. 우리의 도움이 필요할 듯하였다. 그런데 헐떡거리며 올라오더니 소리를 질렀다.

"우물 바닥에 어떤 사람이 아기를 안고 있어요!"

"무슨 소리야? 아닌 밤중에 홍두깨라더니…:"

그래서 즉시 서장에게 도움을 청하고, 튼튼한 밧줄을 나무에 묶어 우물 바닥까지 늘어뜨리고, 그 밧줄을 군데군데 묶어 마디를 만들고, 그 마디를 잡고 올라올 수 있도록 조치를 했다. (2009. 12. 29)

제35편
그리움 그림

1083. 십자가 길

송구영신 예배를 드리면서 성찬식까지 마치고 2시경에 자리에 들었다. 잠이 들었는지 안 들었는지 분명치 않았다. 그때 십자가 형태의 비포장 도로가 보였다.

가로는 산비탈을 깎아 만든 도로였고, 세로는 산기슭에서 산마루까지 곧게 뻗은 도로였다. 하지만 산꼭대기에 이르지는 못한 듯했다.

비록 많지는 않으나 드문드문 행인들도 보였다. 마치 1960년대나 1970년대의 산골길을 보는 듯했다. 그 모습을 보는 순간 그 길을 포장했으면 하는 마음이 간절하였다.

그렇게 생각하며 돌아보니, 어느새 내가 레미콘 차를 몰고 도로를 포장하기 위해 달려가고 있었다. 먼저 산꼭대기를 향해 수직으로 뻗은 도로로 올라갔다. 도로를 보니 이미 어느 누군가에 의해 화강암 조각들이 가지런히 깔려 있었다.

그런데 레미콘 차가 십자가 교차로를 지나 조금 더 올라가다가 스베루 (slip의 일본어)를 하였다. 바퀴가 헛돌면서 바닥에 깔린 화강암 조각들이 아래쪽으로 우두두둑 떨어지는 소리가 들렸다. 부득이 후진할 수밖에 없었다.

십자가 교차로까지 다시 내려가 올라가던 길을 바라보니 이게 어찌 된 일인가? 마치 십자가를 똑바로 세워놓은 듯 거의 90도에 가까웠다. 도저히 포장할 엄두가 나지 않았다. (2010. 1. 1)

1084. 제삼지대

한밤중에 예배를 드렸더니 온몸이 나른하고 피곤하였다. 낮잠을 2번이나 자고 초저녁부터 다시 잤으나 새벽에 일어나기 버거웠다. 세수도 하지 않고 옷만 주섬주섬 챙겨 입고 새벽예배를 드렸다.

그리고 옆에 길게 놓인 의자, 딱딱하고 차가운 나무 의자에 쪼그리고 앉아 주님과 교통하기 시작하였다. 발이 시려 발목을 구부려 허벅지 아래 끼웠다.

그러자 발이 저리기 시작하여 다시 바닥에 발을 내려놓았다. 그렇게 몇 차례 반복하다가 보니 어느새 1시간이 훌쩍 지나가 버렸다.

자리에서 일어나 선반을 개조하여 만든 다락으로 올라갔다. 휴대용 작은 히터를 켜고, 다음 새벽예배와 주일예배, 찬양예배, 삼일예배 등을 위한 말씀을 살펴보았다. 이렇게 매일 2시간가량 준비를 한다. 이는 통상의 일과다.

오늘은 주님과의 교통 시간이 꽤 길었다. 어젯밤 그러니까 새해 첫날에 보았던 환상, 곧 십자가 길을 포장하려다 실패한 일로 마음이 편치 않았기 때문이다. 1시간이 지났는가 싶었는데 시계를 보니 벌써 2시간이 훌쩍 지났다.

"오, 주여! 이 부족한 종이 주님을 위해 무엇을 하겠습니까?"

"어찌 그런 생각을 하느냐?"

"주님께서 아시다시피 저는 모든 것이 부족한 사람입니다."

"그렇지만은 않다."

"무슨 말씀이신지?"

"네가 아니면 안 되는 일도 있다는 뜻이다."

"제가 아니면 안 되는 일이요?"

"그렇다! 너는 세상에서 둘도 없는 나의 일꾼이다. 아무도 할 수 없는 일을 내가 시키고 있다."

"제가 어찌?"

"지난 2006년 여름, 그 어려운 와중에서도 죽어가는 한 형제를 살렸지 않느냐?"

"아, 그 박 형제요?"

"그렇다! 세상에는 하고많은 교회와 일꾼들이 있다. 하지만 네가 아니면 안 되는, 꼭 너를 필요로 하는 일도 있다!"

"오, 주여! 그러고 보니 그런…"

"어찌 그뿐이겠는가? 지난해에도 아무도 할 수 없는 일을 네가 하였다."

"윤 형제를 말씀하시는 건가요?"

"그렇다! 네가 보기에는 그의 나이가 얼마나 되어 보이더냐?"

"자세히 모르긴 하여도 60세쯤, 아니면 그 이상일 수도…"

"그렇다! 그가 이때껏 어떻게 살아왔느냐?"

"남의 머슴으로 정말 어렵게 살아왔습니다."

"그런데 이제까지 누가 그를 도와주었느냐?

"그동안 여러 사람이 도와주려고 하였으나 중도에 포기했다고 들었습니다."

"그 원인이 어디에 있다고 하더냐?"

"그가 배은망덕하기 때문이라고 들었습니다."

"그래서 결국은 어떻게 되었느냐?"

"부족하나마 제가 도와주고 있습니다."

"그렇다! 이제까지 아무도 하지 못한 일을 네가 하고 있다."

"그게 그렇게 대단한 일인가요?"

"그렇다! 그가 비록 스스로 도움을 외면했다고 하지만 그에게 필요한 것은 역시 도움이었다."

"제가 아니었어도 아마…"

"그렇지 않다. 그는 그 나이에도 누구의 도움도 받지 못했다. 어쩌면 이 시대의 마지막 사생아로 죽을 수 있었다. 아무리 하찮은 일이라도 그 일을 수행할 사람이 따로 있다.

네가 직접 듣고 보아서 더 잘 알지 않느냐? 그와 같은 사람이 여럿 있었다. 하지만 길거리나 다리 밑에서 다 죽고 이제 그 하나만 남았다."

"하지만 제가 한 일이라곤 그저…"

"그래, 잘 안다. 내 생각은 사람의 생각과 다르다. 도움받을 사람이나 도움 줄 사람을 내가 다 안다. 비록 아무도 알아주지 않는 하찮은 일이라도, 내가 보기에 귀하면 귀한 것이고, 내가 귀히 여기면 귀하게 된다.

자, 다시 한 번 살펴보아라. 그는 자기 부모도 모르고 자기 나이도 모른다. 몸이 아파도 병원 한번 가보지 못하고 살아온 무적자(無籍者)다.

누가 그에게 주민등록증과 건강보험증을 만들어 주었느냐? 누가 기초생활보장 수급자로 지정하여 주었느냐? 누가 그를 영덕 윤(尹) 씨의 시조로 삼았느냐? 누가 그에게 용재(容率)라는 이름을 지어 주었느냐? 누가 그의 호적을 만들어 노인 연금을 받게 하였느냐? 누가 그를 병원으로 데려가 치료해 주었느냐? 누가 그를 인격적으로 대해 주었으며, 누가 그를 사랑하여 예배 시간까지 바꾸었느냐?"

"오, 주여! 그러고 보니 제가…."

"아니다, 네가 그를 사랑한 게 아니라 내가 그를 사랑하였다. 너는 나의 도구로 잠시 쓰임 받았을 뿐이다. 그리고 지금도, 너는 천하보다 귀한 생명을 구원으로 인도하고 있다!"

"아, 그 집사님 말입니까?"

"그렇다! 그를 잘 보살펴주어라. 이제까지 살아오면서 그만큼 큰 상처를 받은 사람도 드물다. 그러나 지금은 어떤가? 새사람이 되어가고 있다. 네 도움이 절실히 필요하다. 그의 생명이 네 손에 달려 있다."

"오, 주여! 주께서 일하시고 주님께서 이루십니다."

"그렇다! 내가 너를 귀히 쓰고 있다. 그 사실을 이제야 알겠느냐?"

"아멘, 주 예수여! 이제 제가 주님을 믿습니다. 하지만 저는 한국에서 가장 작은 공동체의 청지기일 뿐입니다. 저에게 무슨 큰일이 있겠습니까?"

"그렇다면, 한국에서 가장 큰 일꾼이 누구라고 생각하느냐?"

"모르긴 하여도, 돌아가신 한 목사님이 아닐까요?"

"그렇다면, 다음은 누구라고 생각하느냐?"

"아마 조 목사님일 수도…."

"그렇다면, 그다음은?"

"그다음은…"

"아니다, 이름도 없고 빛도 없이 자신에게 주어진 일을 묵묵히 감당하는 작은 자들이다. 그들이 큰 일꾼이다."

"그렇다면, 제가 어찌…."

"아니다, 큰 일꾼이나 작은 일꾼의 기준은 내가 정한다. 그들의 상급도 내가 준다. 내 생각은 사람의 생각과 다르다."

"주께서 모든 것을 다 아십니다."

"그렇다. 초대교회 제자들을 비롯하여 지난 2000년 동안의 숱한 순교자, 누가 보란 듯이 크고 호화로운 건물을 짓고 으스대는 사람들과 이름도 없고 빛도 없이 성심성의껏 주어진 일을 꾸준히 감당하는 일꾼들을 내가 다 알고 있다."

"하지만 제 생각으로는 12사도와 순교자, 그리고 큰 교회에서 보다 많이 수고한 사람들에게 큰 상급이 있을 것으로 생각합니다."

"그렇지만은 않다."

"어떻게요?"

"내 상급의 기준은 사람의 기준과 다르며, 내 상급의 가치는 화폐의 가치로 환가되지 않는다. 사람의 상급은 결과에 따른 성과를 기준으로 하지만, 내 상급은 과정에 따른 정성을 기준으로 한다. 내 상급은 양이 아니라 질에 의해 결정되며, 가치도가 아니라 만족도로 주어진다.

그러므로 신실한 사람은 누구나 똑같은 구원을 받을 것이며, 충성 된 일꾼은 누구나 똑같이 만족하는 상급을 받을 것이다."

"오, 주여! 제 생각을 버리게 하소서."

"내가 너를 제삼지대의 일꾼으로 세웠다!"

"오, 주 예수여! 주님의 은혜가 너무나 크십니다. 아멘." (2010. 1. 2)

1085. 맞춰진 창문

두세 겹으로 조립된 우리 집 창문이 잘 맞지 않아 고심하고 있었다. 이리저리 맞춰 보았지만, 소용이 없었다. 그러다가 방충망 바깥쪽 창문에 문제가 있다는 사실을 발견하였다.

방충망 문은 직사각형으로 길게 만들어져 이상이 없었으나, 그 바깥쪽 창문은 정사각형으로 만들어진 반쪽이었다. 그래서 문을 닫아도 차가운 바람이 들어왔다.

그런데 어느 날 반쪽짜리 창문은 보이지 않고 온전한 창문이 끼워져 있었다. 안쪽 창문과 방충망, 바깥쪽 창문이 모두 직사각형으로 온전히 맞춰져 있었다. (2010. 1. 10. 주일)

1086. 협동이발관

영덕으로 이사하여 '협동이발관'을 이용하고 있다. 1960년대 근면 자조 협동을 기치로 내걸고 새마을운동을 하였던바, 그즈음 세워진 이발소였다. 지붕 난간에 얹힌 빛바랜 간판이 그 역사와 전통을 짐작게 하였다.

두세 평 남짓 되는 공간에 의자 2개가 놓여 있다. 물두멍에는 시퍼런 이끼가 잔뜩 끼었고, 목을 잡고 물을 퍼서 뿌리기 쉽게 만들어진 파란 수대는 얼마나 오랫동안 썼는지 희끄무레 닳아 있었다.

중학교를 졸업하고 지금 그 자리에서 이발관을 시작했다고 하니 50년간 한 우물만 판 베테랑 이발사다. 그는 뒤통수가 납작한 내 머리를 감안하여 뒷머리를 살짝 살려서 깎는다. 그래서 아무렇게 나뒹굴며 자고 일어나도 머리가 삐죽이 서지를 않는다.

이발사는 마음씨도 굉장히 착하다. 언젠가 여당 대표 박 모 씨가 보궐 선거에 나온다는 뉴스를 접하고 한마디 하면서 벌벌 떠는 모습을 보았다.

"저 영감탱이 그만큼 했으면 됐지 뭘 또 나와! 떨어져야 해!"

보통 사람 같으면 자신 있게 할 수도 있었지만, 그는 마음을 크게 먹고 덜덜 떨며 말했다. 그만큼 남에게 욕도 못 하는 사람이다. 그가 위암 수술을 받은 후 재발했다고 하니 걱정이 되었다.

오후에 설날 먹을 떡국을 뽑고 간식으로 먹을 오꼬시를 만들기 위해 영해로 갔다. 처음으로 읍내 이발소를 찾았다. 평소 다니는 '협동이발관'에 갔으면 하는 마음이 들었으나 막간을 이용하여 읍내에서 이발을 했다. 1,000원이나 2,000원 정도 비쌀 것으로 생각하였다.

출입문 옆에 '모범 이발소'라는 스티커가 붙어 있었다. 한때 불량 이발소가 더러 있었기 때문이다. 난방이 잘되어 이발소 안이 따뜻했다. 협동이발관과 상당한 차이가 있었다.

'음, 여기는 따뜻하군!'

이발소에 들어서자 50대 후반의 뚱뚱한 아줌마가 의자를 뒤로 젖히더니, 따뜻하게 데운 베개를 비워주며 면도를 먼저 하라고 했다. 그 아줌마는 이발사의 부인이었다.

'음, 여기는 면도를 먼저 하는군.'

그렇게 면도한 후 수건을 대고 코털을 깎아주었다. 그리고 수박 겉핥기식이지만 귀청 소지도 하였다.

'음, 이 정도면 괜찮은 편이군. 볼일 보러 나올 때 여기서 이발을 하면 좋겠군.'

그때 이발사가 와서 의자를 툭 쳤다. 일어나 머리를 깎으라는 신호였다. 일어나 앉아 조용히 눈을 감았다. 그런데 머리를 깎는 스타일이 영 매끄럽지 않았다.

아닌 게 아니라 너덧 살 먹은 애처럼 뒤통수는 바짝 잘라 올리고 앞머리는 길게 늘어뜨려 놓았다. 뒷머리는 살리고 앞머리는 단정하게 잘라야 하는데 반대로 깎았다. 그리고 뒷면도를 하면서 멈칫멈칫하여 상당히 불안하였다.

'오, 주여! 이곳에 주님의 평화가 있기를!'

뒤늦게나마 주님의 이름으로 평화를 빌었다. 그런데 귀가 따끔했다. 이발사가 뒷면도를 하다가 내 귀에 상처를 낸 것이 분명하였다. 서둘러 머리를 감으라고 하였다. 머리를 감은 후 수건으로 귀를 닦아 보니 아닌 게 아니라 피가 흥건히 묻어 나왔다.

내 마음의 죄로 빚어진 자업자득이라는 생각이 들었다. 그래서 아파도 참고 모른 척했다. 얼마냐고 묻자 10,000원이라고 하였다. 후회가 막심하였지만 어쩔 수 없었다.

차를 타고 거울을 보니 그야말로 내 대가리가 개판 5분 전이었다. 툭 튀어나오고 쑥 들어간 옆머리며 삐쭉 밀어 올린 뒷머리, 축 늘어진 앞머리, 게다가 쓸데없이 낭비한 3,000원, '협동이발관' 이발사에 대한 미안함 등이 내 마음을 더욱 불편하게 만들었다.

'이 몰골로 협동이발관에 가면 뭐라고 할까?'

그리고 오꼬시 만드는 곳으로 가니 다들 추위에 자매가 벌벌 떨고 있었다. 잠시 후 오꼬시와 떡을 찾아 집으로 돌아오면서 부질없는 불평불만을 늘어놓았다. 그때 주님의 음성이 조용히 들려왔다.

'아들아, 조금만 여유가 있어도 분수에 넘치는 네 모습을 보았느냐? 매사에 순리대로 살되 청지기 정신을 꼭 기억하여라.'

"오, 주여! 감사합니다. 늘 저를 일깨워 주시니 감사합니다. 제 분수를 찾게 하시니 감사합니다. 제게는 주님의 책망만큼 더 큰 희망이 없습니다." (2010. 1. 12)

1087. 동전 따먹기

어쩌다가 10원짜리 동전 따먹기 노름을 하게 되었다. '병든 나라'와 '윤택한 자식'이 서로 짜고 내 돈을 따먹으려고 하였다. 가뜩이나 도박에 소질이 없는 나는 여지없이 당할 수밖에 없었다.

'그래, 아무것도 모른 척하고 1,000원만 잃어 주자.'

하면서 부담 없이 임했다. 그런데 불과 몇 판 만에 밑천이 거덜 나고 말았다. 순서에 따라 내가 패를 잡았다. 마지막 판으로 여겨졌다. 그들이 몸을 사리는 듯하였다. 돈을 수북이 쌓아놓고 10원짜리 동전 5개를 걸었다.

그러다가 갑자기 1,000원짜리 지폐 2장씩, 총 4,000원을 걸었다. 10원짜리 동전 따먹기가 도박으로 바뀌었다. 하지만 그 판은 진행되었다. 따든 잃든 한 방에 끝날 수밖에 없었다.

그런데 놀랍게도, 그때까지 단 한 판도 먹지 못한 내가 그 판을 싹쓸이했다. '병든 나라'의 얼굴이 붉으락푸르락하더니 성질을 버럭 냈다. 산에 올라가 다시 한판 붙자고 하였다.

"내가 별로 딴 게 없잖아? 1,000원씩 몇 번 뺏긴 후…."

"그게 왜 뺏긴 거야? 정정당당하게 딴 것을! 내가 도둑놈이야?"

하면서 말꼬투리를 잡고 늘어졌다. 그의 등쌀에 못 이겨 결국 산으로 올라가게 되었다.

'아예 다 잃었으면 오히려 편할 텐데…'

하지만 돈을 딴 죄는 피할 수 없었다. '병든 나라'가 여전히 분이 풀리지 않은 듯 계속 나를 몰아붙이고 싶었다. 그때 '큰 원'과 '함께 씀'이라는 친구가 내 옆에 있다가 말했다.

"우리 그냥 내려가자!"

잔뜩 긴장하고 있던 나는 동행이 생겨 잘됐다고 생각하면서 급히 자리를 떴다. 그때 나는 어떻게 하면 그곳을 피할 수 있을까 고심하고 있었다.

급히 산을 내려가 어느 창고로 들어가니 한쪽 구석에 호박이 쌓여 있었다. 일찍이 내가 반쯤 가져가고 남은 것이었다. 누구나 가져갈 수 있었지만 더 이상 가져갈 사람이 없었다. 그때 낯익은 사람이 호박 하나를 골라 들고 가는 모습이 보였다.

그러고 보니 남은 호박이 물러지고 있었다. 그래서 어떤 사람이 와서 호박을 기중기로 들어 올린 후 호스로 물을 뿌리며 씻기 시작하였다. 그 호박을 보니 장정 서너 명이 안아도 못 안을 정도로 컸다. (2010. 1. 16)

1088. 오, 주여!

"오, 주여! 주님의 뜻에 순응하였더니 모든 일이 합력하여 선을 이루었습니다. 과거와 현재, 미래를 통틀어 모두 선이 되었습니다.

오, 주여! 주님께서 이 종을 통해 무너진 인생을 보수하셨습니다.

오, 주여! 주님께서 이 종을 들어 주의 손에 들린 도구로 삼으셨습니다.

오, 주여! 주님께서 이 종을 세워 21세기 교회를 이끌어 갈 지도자로 세우셨습니다." (2010. 1. 20)

1089. 예수처럼

무슨 사소한 일로 슬럼프에 빠졌다. 만사가 귀찮고 힘이 쭉 빠졌다. 머리를 처박고 드러누웠다. 그때 귓가를 울리는 소리가 있었다. 혹시나 하고 머리를 흔들어 보았으나 틀림없었다. 그럴수록 더욱 분명하게, 반복해서 들려왔다.

"예수처럼."

"예수처럼."

"예수처럼."

의미 있는 하나님의 말씀으로 여겨졌다. 그래서 곰곰이 되새겨 보았다.

"예수처럼, 예수처럼, 예수처럼…."

그러자 빠진 힘이 솟구쳐 올랐다. 지금 이 시간 당장 죽을지라도 예수님처럼 의연하고 당당할 수 있을 것 같았다.

'그래, 지금 내게 무엇이 문제인가? 죽음보다 더 큰 문제가 무엇인가?'

예수처럼 의연하고 당당하게 죽을 수 있다고 생각하니 이 세상의 어떤 문제도 문제가 되지 않을 것 같았다.

그때 양지바른 작은 동산에 다소 규모가 큰 예배당이 보였고, 거기 '예수교회'라는 간판이 달려 있었다. 그리고 그 주변을 보니 모든 것이 예수님의 이름으로 가득 채워져 있었다.

"오, 주여! 예수처럼, 예수처럼, 예수처럼 의연하고 당당하게! 종의 사명 감당하게 하소서." (2010. 1. 22)

1090. 부족 예산

예산을 따져 보니 5억 원이 부족했다. 예산을 담당하는 사람으로서 사업담당을 만나 확인할 필요가 있었다. 먼저 일반사업 팀장을 찾아가 물어보니 그 내용을 알고 있었다.

그가 수첩을 꺼내더니 부족 예산 5.1억이라 기록한 부분에 동그라미를 쳤다. 금액이 대충 일치했다. 하지만 그에 따른 조치는 취하지 않은 것으로 보였다.

그런데 얼마 후 들으니 총 7억 원의 예산이 부족하다고 하였다. 2억 원이 더 필요했다. 그렇다면 다른 사업에서 2억 원의 잔액이 생겨야 그것을 전환하여 사용할 수 있었다.

하지만 그 2억 원의 잔액을 찾을 수가 없었다. 하지만 그에 따른 걱정이 없었다. 마음만 먹으면 언제든지 찾아서 채워줄 수 있을 것으로 믿었기 때문이다.

그때 오른쪽 귓구멍이 간질간질하여 만져 보니 아이스크림 막대기 같은 것이 귓속에 꽂혀 있었다. 뽑아 보니 새까맣고 끈적끈적한 액, 마치 곰방대 속의 니코틴 같은 것이 막대기 끝에 묻어 있었다.

그러고 보니 그 막대기는 언제부턴가 내 오른쪽 귓구멍에 꽂혀 있었다. 그걸 깜빡 잊고 지내다가 막상 뽑아내니 온몸이 시원함을 느꼈다.

(2010. 1. 23)

1091. 같이의 가치

여동생과 제수씨 사이의 불화로 부모님의 어려움이 이만저만 아니었다. 자녀 간의 불화가 부모에게 미쳤던 것이다. 마치 딸들과 막내아들 내외가 이전투구 하는 것처럼 비쳐졌다.

그 자리에 부모님이 끼어든 형국이었다. 어쩌다 우리 집안이 이렇게 되었는지 답답하기 그지없었다. 집에 돌아와 누웠으나 잠을 이룰 수가 없었다. 그저께 밤도 거의 못 자고 어저께도 잠을 설쳤다. 어떻게 화해시켜야 할지 몰라 애만 태웠다.

부모님은 양쪽 다 건들지 말고 그냥 내버려두라고 하지만 한두 달도 아니고 벌써 1년이 지났다. 기다리는 것도 한계가 있고 부모님의 말씀을 따르는 것도 한계가 있었다. 곪은 상처가 터질 것 같아 늘 불안하였다.

그러던 중 오늘 새벽기도 시간에 환상이 보였다. 화해를 주선해야 할 책임을 느꼈다. 다소간의 홍역이 있을지라도 모든 것을 털어놓고 풀어야 했다.

어느 부잣집에 일꾼이 있었다. 그런데 어느 날부터 갑자기 일을 제대로 하지 않았다. 주인이 불러 물어보니, 자신의 의지와 상관없이 수족이 말을 듣지 않는다고 하였다.

손이 일하려고 하면 발이 방해하고, 발이 일하려고 하면 손이 훼방하여, 아무리 애를 쓰고 노력해도 안 된다는 것이었다.

결국은 주인이 의원을 불렀다. 의원이 말인즉, 손과 발이 해묵은 감정으로 인해 서로 싸우고 있다는 것이었다. 손과 발이 화해해야 하는데 감정의 골이 깊어 쉽지 않다고 하였다.

사실 그동안 몸이 수차례에 걸쳐 손과 발의 화해를 주선하였지만 잘되지 않았다. 손은 화해하려고 하였으나 발이 끝까지 못하겠다고 하였다.

발이 이르기를, 손과 화해를 하느니 차라리 몸에서 떨어져 나가겠다고 하였다. 그래서 화해는 더욱 어려워졌고 몸의 스트레스는 쌓여만 갔다.

급기야 몸에 병이 생기기 시작했다. 평소 긍정적인 마음이 부정적이 되었다. 매사에 불평불만을 쏟아냈고 기억력까지 까물까물하였다. 몸이 나이가 들면서 더욱 그랬다.

그러다 보니 몸은 발의 극단적인 행동을 막으려고 일부러 손을 욕하고 윽박질렀다. 오른손 왼손 할 것 없이 모두 다 원망했다. 손이 아무리 잘

해도 소용이 없었다. 발의 비위를 맞추기 위해 손을 무시하는 것이 노골적으로 드러나 보였다.

하지만 손은 평소 누구 못지않게 몸을 위해 충성하였던바, 억울함을 이기지 못하고 부들부들 떨었다. 발뿐만 아니라 몸까지 모두 원망스러웠다. 모두가 다 보기 싫었다. 모든 지체가 원수처럼 느껴졌다.

그러자 손은 손대로, 발은 발대로, 몸은 몸대로 모두 스트레스를 받아 폭발 직전에 이르렀다. 서로 아전인수적으로 생각하고 행동하였다.

물론 처음에는 그러지 않았지만, 수년간 쌓이고 쌓인 스트레스가 모든 지체를 패닉 상태로 몰아넣고 있었다. 정말 '같이'의 가치가 너무 절실했다.

하지만 누구도 머리의 지혜에 의지할 만한 믿음이 없었다. 참으로 안타까웠다. 머리의 도움이 절실하였으나 알지 못해 믿지 못하고, 믿지 못해 누리지 못했다. (2010. 1. 30)

1092. 일석삼조

여종과 함께 바다낚시를 하였다. 그리 크지는 않았으나 싱싱한 고기가 줄줄이 올라왔다. 욕심이 생겼다. 방파제 아래쪽으로 내려가 좀 더 큰 고기를 잡으려고 하였다. 잡은 고기를 통째로 미끼로 달아 던졌다.

윗물은 깨끗했으나 아랫물은 지저분하였다. 거의 똥물에 가까웠다. 하지만 고기는 많았다. 물 위로 고기가 펄쩍펄쩍 뛰어다녔다. 대물을 낚기 위해 방파제 끝까지 가서 가능한 한 멀리 낚시를 던졌다.

큰 미끼를 줄줄이 달아 대물이 물고 끌어당기면 우리가 물속으로 끌려 들어갈 수도 있었다. 그래서 낚싯줄을 던진 후 줄을 늦추며 방파제 안쪽으로 걸어 나왔다.

아닌 게 아니라 금방 낚싯줄이 묵직함을 느꼈다. 결국은 해안까지 나가지 못하고 여종과 함께 바다로 떨어지고 말았다. 다행히 물이 얕아 헤엄쳐 나올 수 있었다. 모래사장에서 낚싯줄을 끌어당겨 잡힌 고기를 살펴보았다. 생각보다 그리 크지 않았다.

그런데 뭔가 이상하였다. 한 바늘에서 한 마리를 떼어내니 그 속에 똑같은 크기의 고기가 한 마리 더 있었다. 그마저 떼어내니 그 속에 또 한 마리가 있었다. 거의 같은 크기의 고기 3마리가 한 바늘에 달려 있었다.

그것을 다 떼어내니 애당초 미끼로 달았던 고기가 있었다. 그야말로 일석삼조였다. 하지만 그다음부터 달린 고기를 보니 성한 것이 하나도 없었다. 모두 상처투성이였다. 개나 주면 주었지 사람은 먹지 못할 것 같았다. (2010. 3. 2)

1093. 학문 성취

'학문 성취'라는 과장이 사무실에 나오지 않았다. 내 기억으로 처음이었다. 어쩌면 군대 생활 30년 중 처음이었다. 걱정되었다. 잠시 후 그의 동생이 와서 책상을 정리하였다.

분명히 무슨 일이 있었으나 그는 대수롭지 않은 표정으로 책상 정리가 끝났다고 하면서 돌아갔다. 무슨 일인지 궁금했지만 알 수가 없었다.

그가 돌아간 후 책상 위를 보니 손목시계 2개가 나란히 놓여 있었다. 그중에 하나는 내 것이었다. 네모난 바탕에 넓은 가죽 줄로 봐서 틀림없는 내 시계였다. 얼마 전에 거기 두고 깜빡 잊고 있었다. 시계를 손목에 차니 새삼스러웠다.

그리고 책상 밑을 보니 작은 냉장고가 하나 있었다. 남은 음식들이 아무렇게 놓여있어 지저분하였다. 버릴 것은 버리고 설거지를 하였더니, 3개의 빈 그릇이 생겨 한쪽에 포개 두었다. 그러자 냉장고 안에는 묵은 김치 하나만 달랑 남았다. (2010. 3. 3)

1094. 조랑말

여자와 관계가 있고 자매와 관련이 있었다. 외로움과도 연관이 깊은 일을 양보하고 또 양보하였더니, 그동안 정성을 쏟아온 목양 프로그램에 이상이 생겼다. 희니의 프로그램이 깨어지더니 또 하나가 깨어져 안타까운 마음이 들었다.

비몽사몽 중에 이 언짢은 환상을 보았던바 기분이 좋을 리 만무하였다. 더 이상 잠을 이룰 수 없었다. 이리저리 뒹굴다가 3시에 일어났다. 그리고 다시 누워 또 환상을 보았다.

무엇인가 미운 짓을 하여 황구 머리를 두세 번 때리고 나왔다. 그때 발바리 2마리가 연이어 다가오는 모습이 보였다. 황구에게 놀러 온 것이려니 생각하고 돌아섰다.

그때 늠름하게 생긴 조랑말 한 마리가 하얀 갈기를 휘날리며 다가왔다. 체구는 작았지만 건강하고 아름다웠다.

"붙잡아!"

나도 모르게 소리를 질렀다. 그러자 아들과 아들보다 어린 아이가 거기 놀다가 그 말을 붙잡았다.

"잡았어요!"

평소 나는 말을 좋아했으나 직접 접할 기회가 없었다. 그래서 그 조랑말을 어떻게 해야 할지 몰랐다. (2010. 3. 28. 주일)

1095. 슬럼프 선물

무슨 공장에서 나름대로 열심히 일하고 있었다. 하지만 장래에 대한 비전도 없이 그냥 하루하루 일만 하였다. 그러던 어느 날 특별한 사유도 없이 일하지 않았다.

심적으로 여러 가지 불만이 쌓였다. 나와 함께 일하던 사람들도 일손을 놓은 채 옆에서 서성거렸다. 그러자 그 공장 사장의 아들이 찾아와 말했다.

"모두 이리 나와 봐!"

그래서 우리는 공장 밖으로 나갔다. 해고될지 모른다는 생각에 가슴이 두근거렸다. 그를 중심으로 반원을 그리며 삥 둘러앉았다. 나는 그 사람 바로 옆에 있었다.

모든 사람의 눈이 그의 입을 주시하고 있었다. 하지만 그의 표정은 밝았으며 말은 부드러웠다. 모두가 의외라는 듯이 그를 빤히 쳐다보았다. 그때 그가 고개를 돌리더니 내게 속삭이듯 말했다.

"그동안 고생이 많았지. 이제 일거리를 줄 테니 직접 한번 해봐. 여기서 장애인 몇 사람과 하는 것보다 나을 거야."

"하청을 준다는 말씀인가요?"

"그렇지."

"몇 사람이나 데리고 할 수 있는데요?"

"8명."

그때 느닷없이 사이렌이 울렸다. 그러자 삥 둘러앉아 있던 사람들이 벌떡 일어나 이구동성으로 소리쳤다.

"이제 삼일절 기념식에 참석하자! 그리고 다시 일하러 가자!" (2010. 4. 6)

1096. 대기만성

평소 알을 낳지 않던 닭이 알을 낳기 시작하였다. 그런데 둥지에 낳지 않고 땅을 파고 낳았다. 땅속에 반쯤 묻혀 있는 것을 파내 보았더니 타조 알만큼 컸다. (2010. 4. 10)

1097. 믿음의 근력

"아우, 아우, 아우…."

며칠 동안 고양이 우는 소리에 잠을 설쳤다. 아이 비명 같아서 깜짝 놀라 일어나곤 하였다. 소름이 쫙 끼쳤다. 지난밤도 예외가 아니었다. 시간과 장소를 가리지 않고 울어 진절머리가 났다.

" "아으, 아으, 아으…."

밤 1시경 방문 앞을 지나가며 울어대는 고양이 소리에 결국 일어나 앉았다. 정말 징그러웠다. 그러고 보니 나는 고양이를 수도 없이 잡아 면사무소에 갖다 주었다. 1마리당 1만 원씩 주는 보상금을 우리 면에서 2번째로 많이 받았다.

그리고 연말에는 특별 포상금까지 받았다. 야생 고양이 포획 보상금 예산이 남았기 때문이다. 그러니까 작년 초까지 마을에 고양이가 바글바글했다. 하지만 연말에는 거의 씨가 말랐다.

처음에는 보다 많은 고양이를 잡으려고 욕심도 부렸다. 망에 든 고양이에게 할퀴어 병원에서 치료를 받기도 하였다. 지금도 오른쪽 팔목에 긴 흉터가 있다.

얼마나 많은 고양이를 잡았는지 아무 데나 생선을 놓아두어도 이상이 없다고 마을 사람들이 말할 정도였다. 그런데 며칠 전부터 고양이 울음소리가 또 들리기 시작하였다.

'내 저놈의 고양이를 내일 당장 잡아버릴 것이다!'

그리고 잠을 청했다가 이상한 꿈을 꾸었다. 고양이를 잡으려고 어느

지하실로 내려갔다. 그때 '꿀벌'이 다가왔다. 하얀 남방셔츠에 까만 치마를 입고 머리를 땋아 묶은, 단정하고 깔끔한 여고생 복장이었다.

"아니, 네가 어찌 여기에?"

"머지않아 떠날 것 같아서."

"떠나다니, 어디를?"

"살인할 것도 같고…. 그리고 떠날 것도 같은…."

"살인을? 그렇다면, 그 고양이가…."

"응, 내가 떠날 것을 알려주기 위해서…."

바로 그때였다. '꿀벌'의 어머니로 보이는 여인이 혈압이 잔뜩 오른 듯 시뻘건 얼굴에 고양이 눈처럼 째려보며 다가왔다. 위장한 사탄이거나 사탄의 하수인이 틀림없어 보였다.

그 모습을 보고 옆에 있던 '생각의 아들'이 깜짝 놀라 도망을 쳤다. 하지만 '꿀벌'은 그 모든 것을 다 알고 있다는 듯 태연자약하였다.

그리고 꿈에서 깨어났다. 정말 기분이 나빴다. 아이들에게 무슨 일이 생긴 것은 아닌지 걱정이 되었다. 기도하기 시작하였다. 그러자 성령님의 감동이 다가왔다.

'그래, 이는 사탄의 수작이 아니고서는 설명할 길이 없어! 더러운 사탄이 나를 미신의 나락으로 떨어뜨리기 위해 발악하는 거야! 전설에 의하면 고양이도 영물이라고 했어. 사람의 영안을 흐릴 수 있어.

아무리 그래도 주의 종에게까지, 정말 싸가지 없는 영물이로다. 그러고 보니 정말 차원 높은 영적 시험이 아닌가? 내 가족을 위장하여 미혹하다니! 더럽고 사악한 영 같으니…"

면사무소에 가서 고양이 망을 하나 더 빌리고, 어시장에 가서 가자미 대가리를 미끼로 얻어왔다. 올해 첫 수확을 기대하며 담 밑에 고양이 망을 놓았다.

'오늘 밤 잡아 내일 갖다 주면 딱 되겠군!'

매주 목요일 군청 직원이 포획한 고양이를 거두러 왔다. 그렇게 잡은 고양이는 대부분 안락사시키고 얼마는 거세하여 놓아준다고 들었다.

아닌 게 아니라 다음날 새벽에 바로 그 고양이가 걸려들었다. 누가 키우다가 내다 버린 듯 목테까지 한 아주 큰 놈이었다. 주의 종을 홀릴 만도 한 대물이었다. (2010. 4. 14)

1098. 기다림, 기림

지난 4월 초에 10만 원짜리 부화기를 샀다. 30개에 1만 원 하는 유정란도 2판 구입하여 넣었다. 그리고 오늘이 19일째, 부화 예정일이 2일 남았다. 들뜬 마음에 잠을 설쳤다.

새벽예배를 마치고 의자에 누웠더니 비몽사몽 가운데 환상이 보였다. 그리 크지도 않고 작지도 않은 어중간한 나무가 있었다. 아래쪽은 비교적 안정감이 있었으나 위쪽은 불안하기 그지없었다.

나무의 2/3쯤 되는 중간 둥치에서 너무 많은 가지가 뻗어 하늘이 보이지 않았다. 가분수 형태로 자라나 쓰러지지 않을까 걱정되었다. 어쩌면 그 나무가 나 자신처럼 보였다.

그리고 오후에 또 다른 환상이 보였다. 크고 작은 다양한 그릇에 오곡밥이 소복소복 담겨 있었다. 누구나 와서 자기 양에 따라 먹을 수 있었다. 군침이 절로 돌았다.

또 어린 서숙처럼 보이는 식물이 메마르고 척박한 땅에 널리 자라고 있었다. 손가락 두 마디쯤 자라난 서숙은 그렇게 강하게 보이지도 않았지만, 그리 약하지도 않은 모습으로 내 눈앞에 끝없이 펼쳐져 있었다.

(2010. 4. 26)

1099. 인생 바느질

새벽예배를 드리고 묵상하다가 환상을 보았다. 언젠가 받은 하나님의 계시와 관련이 있었다. 생활 공동체 인프라 구축과도 연관이 있었다.

무슨 연유로 한동안 쉬다가 자리에서 일어났다. 내게 주어진 일을 감당하기 위해서였다. 그동안 늘 부담을 가지고 있었다. 그런데 내 몸이 말을 듣지 않았는지, 용기가 없었는지, 나태하여 그랬는지 모르지만, 아무튼 무슨 일로 계속 미적거렸다.

그때 자리를 박차고 일어나며 보니 내 바로 옆에 쓰레기가 널려 있었다. 우선 쓰레기부터 치워야겠다는 생각이 들었다. 누군가에 의해 버려진 무슨 포장지였다. 비닐봉지에 주섬주섬 주워 담았다.

그런데 또 다른 포장지가 있었다. 그것도 주워 담았다. 그러고 보니 옆에 또 있었다. 그마저 주워 담았다. 3개의 포장지 쓰레기를 모두 주워 담왔다. 그러자 비로소 내 주변이 깨끗하게 되었다.

그때 문득 생각이 났다. 3개의 포장지는 모두 내가 무심코 버린 것이었다. 어쩌면 내가 만들어 아무렇게 던져놓은 은행 관련 과제, 법원 관련 과제, 부동산 관련 과제인지 모른다는 생각이 들었다.

사실 나는 그동안 그렇게 버려진 포장지와 같은 쓰레기를 내 인생의 전부인 양 여기며 살아왔다. 그런데 실상을 알고 보니 그것은 하찮은 쓰레기요, 치워야 할 과제요, 문젯거리였다.

이제 내 본연의 사명을 감당하기 위해 자리를 박차고 일어나 보니, 그 모든 것이 우선 처리할 선결 과제로 다가왔다. (2010. 5. 4)

1100. 그리움 그림

요즘 며칠 동안 '꿀벌'에 대한 꿈을 계속 꾸었다. 오늘도 그와 같은 꿈을 꾸고 안쓰러운 마음에 간절히 기도하게 되었다.

무슨 닭장처럼 보이는 곳에서 아이가 앉아 무슨 약을 먹고 있었다. 빨간 약이었다. 그 모습을 보고 소스라치게 놀라 소리를 질렀다.

"무슨 약을 먹느냐?"

"아빠가 준 거잖아요?"

그 말을 듣는 순간 나는 더욱 마음이 아팠다.

"아무리 내가 주어도 그렇지, 어떻게 그런 약을 함부로 먹느냐? 당장 치워라!"

"아니야, 먹을 거야!"

하면서 약을 집어 들었다. 그 모습을 보는 순간 좋은 말로 해서는 안 될 것 같았다. 더 이상 지체할 여유도 없었다. 한시가 급했다. 마침 내 바로 옆에 긴 장대가 있었다. 2미터쯤 되고 팔뚝만 하였다.

그것을 집어 들고 다그쳤지만, 아이가 고집을 부려 소용이 없었다. 그래서 그걸로 닭장을 내리쳤다. 닭장 모서리가 무너지면서 장대도 부러져 날아갔다. 그리고 다시 소리쳤다.

"세 번을 셀 동안 나오지 않으면 닭장을 아주 박살 내 버리겠다!"

"하나!"

그러자 언제 밖으로 나왔는지 아이가 새파랗게 질린 모습으로 두 손을 번쩍 들고 울부짖으며 내 앞에 서 있었다.

"아빠!"

그 모습을 보는 순간 내 마음이 찢어질 듯 아팠다. 너무 애처롭기도 하고 가련하기도 하여 쥐구멍이라도 찾아 들어가고 싶었다. 내 눈에 눈물이 핑 돌았다. 모든 것이 내 탓이었기 때문이다.

그래서 다시 일어나 또 기도할 수밖에 없었다. 더 이상 아무런 방법이 없었기 때문이다. (2010. 5. 14)

1101. 돼지 가족

오랫동안 묵힌 밭을 개간하고 있었다. 집사님이 고사목을 베어내자 동녘이 환히 밝아지는 모습이 보였다. 십 년 묵은 체증이 내려가고 막힌 숨통이 탁 트이는 것 같았다.

그때 나는 비탈진 밭둑에서 넝쿨을 걷어내고 있었다. 넝쿨을 걷어내자 그 속에 작은 동굴이 보였다. 동굴 속에 멧돼지 가족이 살고 있었다.

동굴 입구가 트이자 가장 먼저 어미 돼지가 아래쪽 비탈로 달리기 시작했다. 아기 돼지들이 줄지어 그 뒤를 따랐다. 그런데 새끼 2마리가 멈칫멈칫하며 동굴 속에 머물러 있었다.

이때다 싶어 새끼 돼지 2마리를 사로잡았다. 그러자 어미돼지가 나에게 덤벼들 기세로 씩씩거리며 올라오는 모습이 보였다. (2010. 5. 15)

1102. 회복의 시간

어느 농장에서 열심히 일하고 있었다. 한 아이가 치근대며 내 일을 방해하였다. 성질을 이기지 못하고 손에 들고 있던 톱으로 아이 목을 내리쳤다. 날이 아니라 등으로 겁만 주기 위해 살짝 내리치는 흉내만 냈다.

"어이쿠!"

하면서 아이가 너무 쉽게 꼬꾸라져 이상하게 생각되었다. 그리고 다시 일을 시작했으나 일이 손에 잡힐 리 만무했다. 아이가 너무 걱정되었다.

그러다가 전도자를 찾아가 도움을 구했다. 그는 무슨 일인지 다른 일에 신경을 곤두세우고 있었다. 시종일관 뭐라고 중얼거리며, 내 말이 대수롭지 않다는 듯 크게 관심을 두지 않았다. 어찌 보니 무슨 술에 취한 것 같았다.

그런데도 달리 방법이 없어 전도자와 함께 길을 나섰다. 얼마 후 어떤 사람이 우리를 가로막았다. 그도 역시 무슨 술에 취해 횡설수설하는 것처럼 보였다.

잠시 그들의 얘기를 들어보니, 그는 전도자에게 400만 원 상당의 빚을 진 사람이었다. 전도자가 그에게 빚을 갚지 않는다고 나무랐지만, 순순히 갚을 사람처럼 보이지 않았다. 전도자도 그렇게 생각하고 포기하는 듯했다.

그런데 그가 지갑을 꺼내더니 만 원짜리 구권 지폐 5장을 전도자에게 건네주었다. 그러자 전도자가 짐짓 놀라며 그 돈을 받았다.

그리고 한 장 한 장 넘기며 살펴보더니, 옆에 있던 내게 슬쩍 보여주고 자기 주머니에 넣었다. 지폐 5장 가운데 1장은 무슨 상품권이었다.

얼마 후 전도자와 함께 그 아이가 있는 곳에 도착하였다. 그런데 이게 어찌 된 일인가? 목이 잘린 아이 몸뚱어리가 벽에 비스듬히 꼬꾸라져 있었고, 머리는 땅바닥 잿더미에 나뒹굴고 있었다.

그러나 전도자는 여전히 대수롭지 않다는 듯 뭐라고 중얼거리며, 아이 머리를 주워들고 몸뚱어리에 슬쩍 스치더니 목에다 쿡 끼워 넣었다.

그러자 몸뚱어리에 머리가 철석 끼워졌다. 마치 로봇을 조립하는 것처럼 보였다. 그때 아이의 머리를 보니 잘린 목 속에 목줄띠 같은 것이 삐죽 나와 있었다.

아이가 목이 잘리자 순간적으로 용을 써서 튀어나온 것으로 보였다. 그러자 아이는 그동안 참았던 숨을 다시 쉬는 듯 길게 한숨을 쉬었다.

아이를 안고 병원으로 가기 위해 큰길로 나갔다. 그 순간 전도자는 온

데간데없이 사라지고 보이지 않았다. 내 왼쪽 가슴에 안긴 아이는 너무 피곤한 듯, 만사 잊고 곤한 잠에 빠져들어 있었다.

그 아이를 쳐다보니 어쩌면 내 어린 시절의 모습 같기도 하고, 어쩌면 내 아이들 가운데 하나의 모습 같기도 하여 너무 애처로웠다.

"얼마나 힘이 들었을꼬?"

"얼마나 숨이 답답했을꼬?"

"얼마나 목이 아팠을꼬?"

아이에 대한 연민이 끝없이 일어났다. (2010. 6. 23)

1103. 하모니 인생

조예가 깊은 사람들도 믿지 않을 뿐만 아니라, 나도 믿을 수가 없어 처리하기 곤란한 고가의 장비가 있었다. 그야말로 사용할 수도 없고, 버릴 수도 없어 매우 난감하였다.

그 장비를 보니 얼마 전 서해상에서 침몰한 초계함과 비슷하다는 생각이 들었다. 정부가 나름대로 팀을 구성하여 조사하였으나, 객관성과 신빙성이 떨어지는 의문투성이 자료와 한쪽의 일방적 생각만 주장하여 액면 그대로 받아들이지 못하는 사람들도 있었다.

그러던 어느 날, 누군가에 의해 그 장비의 표면에 믿을 만한 보증서가 각인되었다. 그러자 그 장비의 성능과 품질만은 보지 않고도 누구나 믿을 수 있게 되었다.

하지만 그에 따른 또 하나의 과제가 있었다. 그 장비를 사용하려면 자루를 끼워야 했다. 자루에 의해 힘을 발휘할 수 있었기 때문이다. 다행히 그 옆에 자루가 하나 있었다. 그런데 장비에 맞지 않아 헐렁했다. 무엇으로 고정할 필요가 있었다.

연장통 속에서 긴 피스를 하나 찾았다. 가져다 맞춰 보니 너무 길었다. 그때 사람들이 다가와 나를 밀치는 바람에 이리저리 떠밀리게 되었다.

그 와중에 연장통 구석에 있는 적당한 피스를 발견하고 가까스로 꺼내 들었다. 그리고 자루에 박아 장비를 고정했다. 그런데 피스 끝이 아래쪽으로 2㎜ 정도 빠져나왔다. 그래서 피스 끝을 꼬부렸다. 그리고 아래쪽을 망치로 내리치자 꼬부라진 부분이 자루 속으로 쑥 들어갔다.

이어서 위쪽도 망치로 내리치자 속으로 1㎜ 정도 더 들어가면서 탄탄하게 고정되었다. 그러자 누구나 믿을 수 있는 훌륭한 장비가 되었다. 그 장비에 대해 더 이상 의심하는 사람이 없었다.

그리고 자리에서 일어났다. 새벽예배를 드리고 묵상하는 중에 그 장비의 자루가 하나님께 쓰임 받는 일꾼이라는 사실을 깨달았다. 최첨단 기계 장비와 나무 자루의 절묘한 조화, 이게 바로 하모니 인생이 아닌가?

아무리 우수한 장비도 자루가 맞춰지지 않으면 사용할 수 없다는 뜻으로 다가왔다. 그 자루가 어쩌면 나 자신일 수도 있고, 지난 1주일간 간절히 기도한 집사님일 수도 있고, 어쩌면 여종일 수도 있다는 생각이 들었다. (2010. 6. 25)

1104. 믿음을 넘어

　우리 교회당 바닥에 큰 구멍과 작은 구멍이 하나씩 뚫려 있었다. 어느 날 여종이 그 구멍을 다 메운 듯했다. 비록 어설프기는 하였으나 대충 메워진 모습이 보였다.

　그 후 3차례에 걸쳐 땅을 사게 되었다. 높은 곳에서 바라보니 이리저리 그려진 크고 작은 곡선들이 있었다. 무엇인지 궁금하여 아래쪽으로 내려가 보았더니 구거(溝渠)였다.

　그러고 보니 우리가 마지막으로 구입한 땅이 임야와 구거를 포함한 원형지로서 상당히 넓었다. (2010. 6. 26)

1105. 이정수와 공명석

　사나운 비바람이 몰아치고 있었다. 뒤뜰에 쌓아놓은 짚단이 집 밖으로 날아가는 모습이 보였다. 우리가 있는 방 모퉁이를 기역자로 돌아 휙휙 날아가는 것이 흡사 SF 영화에 나오는 비행접시처럼 보였다.

　급기야 우리가 있는 방문도 떨어져 나갔다. 여종이 바로 세워 보려고 애썼으나 도저히 안 되겠다 싶어 물러났다. 내가 가서 살펴보니 문짝이 내려앉아 20㎝가량 틈바구니가 생겼다. 더 이상 지체하면 집이 다 부서질 듯하였다. 서둘러 보수할 필요가 있었다. 여종을 보고 소리쳤다.

　"빨리 가서 문을 모두 닫아! 바람이 나가는 곳이 있으니 들어오는 거야!"

그리고 나는 떨어진 문짝에 못을 박아 고정시키려고 하였다. 마침 옆에 적당한 못 하나와 망치가 보였다. 문을 바로 세운 다음 문틀에 못을 박았다.

새 못이라 쉽게 쑥 들어갔다. 위쪽 인방에 문틀을 대고 가운데를 박았다. 인방을 관통하여 밖으로 1㎝가량 빠져나갔다. 그것을 옆으로 비스듬히 꼬부려 망치로 내리치자 견고하게 고정되었다.

그때 어떤 할머니가 어디 심방할 곳이 있다고 하면서 찾아왔다. 뗏목을 타고 강을 건너야 했다. 강물을 보니 흉흉하고 사나웠다. 하지만 선택의 여지가 없었다. 여종과 함께 3명이 모두 뗏목을 타고 아래쪽으로 내려갔다.

그렇게 얼마쯤 가다가 보니 물살이 센 여울목이 나왔다. 아래쪽에 깊은 소가 있었고, 여울목 입구 우측에 작은 섬처럼 보이는 곳이 있었다. 일단 거기 들어가기로 하였다.

그러자면 뗏목을 우측에 세워야 했다. 세우지 못하면 물살이 센 여울로 휩쓸려 떠내려갈 위험이 있었다. 두려웠지만 의외로 쉽게 정착하여 뗏목을 묶고 내릴 수 있었다.

그 작은 섬에 휴게소가 있었다. 먼저 식사를 하려고 들어갔다. 뷔페로 맛있는 음식이 준비되어 있었다. 할머니가 돈을 내려고 하자 여종이 급구 말리며 지급하였다.

그때 내 눈앞에 '이정수'와 '공명석'이라는 글자가 또렷이 보였다. '이정수'의 '이정'은 '이정표(里程標)', '수'는 물 '水'로 보였으며, '공명석'의 '공명'은 '공명정대(公明正大)', '석'은 돌 '石'으로 짐작되었다. 하지만 그 이상 자세한

의미는 알 수가 없었다. (2010. 6. 28)

1106. 사명자의 길

무더운 날씨에 사명을 감당하느라 고군분투하고 있었다. 여종과 함께 고물차를 몰고 자갈밭을 지나가기가 쉽지 않았다. 앞에서 끌고 뒤에서 밀며 조금씩 앞으로 나아갔지만, 시간이 없었다.

그러다가 차가 갑자기 급발진하면서 인정사정없이 달리기 시작했다. 그때 나는 앞에서 차를 끌어당기고 있었지만, 여종은 차에 타고 있었다.

"빨리 뛰어내려!"

하지만 내 눈앞을 스쳐 지나가는 여종을 보니 잔뜩 겁에 질려 핸들을 꽉 잡고 어쩔 줄을 모르고 있었다. 차 엔진에 불이 붙어 이글거리며 타올랐다. 언제 폭발할지 모를 위기일발의 상황이었다.

"무조건 뛰어내려!"

하고 다시 소리를 질렀으나 차는 이미 횡하니 지나쳐 좌측 길로 들어서고 있었다. 금방이라도 큰 폭발음과 함께 여종이 사라질 듯했다. 그때 여종이 차 옆으로 떨어지는 모습이 보였다.

그리고 차는 눈앞에서 불꽃처럼 사라지고 말았다. 살았는지 죽었는지 반신반의하며 여종에게 달려가 보았다. 다행히 여종은 죽지 않았다. 여종이 부스스 일어나더니 말했다.

"뼈는 다치지 않은 것 같지만, 피가 나는 것 같아요."

하면서 허리 아래쪽 엉덩이 부분을 잡고 걸어왔다. 병원에 가려고 119에 급히 전화를 걸었다.

"여보세요?"

"예, 차에 다친 사람이 있어서요?"

"거기가 어디세요?"

그때 우리가 서 있는 곳을 보니 어느 도시 복잡한 사거리였다. 재래시장처럼 보이는 골목도 있었다. 1980년대 청계천처럼 낡은 건물들이 쭉 이어져 있었다. 그 사이사이에 크고 작은 간판들이 다닥다닥 붙어 있었다.

거리에 수많은 사람들이 오가고 있었으며, 사거리 가운데 세워진 신호등 바로 아래 몇 개의 작은 표지판이 있었다. 그중에 '범양'이라는 글씨가 눈에 띄었다.

"아, 여기 범양사거리요!"

"범양사거리? 거기가 어딘데요?"

119 안내원도 그곳을 잘 몰랐다. 나도 처음 보는 곳이라 더 이상 답변하기 어려웠다. 주변 가게에 들러 정확히 물어보려고 하였다. (2010. 7. 1)

1107. 돌담의 지혜

어제 저녁까지 병아리 6마리가 부화하였다. 그리고 더 이상 소식이 없었다. 그것이 전부였다. 알 43개를 넣어 6마리가 나왔으니 15% 성공한 셈이었다. 지난번에는 알 60개로 2마리를 부화시켜 5%밖에 성공하지 못했다.

그러니까 12주 전에 부화기를 사서 지금까지 4차례에 걸쳐 부화기를 돌렸다. 파각하고 나오는 병아리가 너무 신기하고 귀여웠다.

처음에는 20마리를 부화시켜 12마리를 키웠으나 콕시듐인가 하는 병으로 한 마리씩 죽더니 이제 몇 마리 남지 않았다. 2번째는 1마리 남았고, 3번째는 마지막 1마리마저 오늘 아침에 죽었다.

그야말로 청운의 꿈을 품고 시작한 양계 사업이 처음부터 삐거덕거렸다. 100마리 정도 키워보고 싶었으나 그게 그리 쉽지 않았다.

사실 해 아래서 하는 일치고 쉬운 일이 어디 있겠는가? 하지만 그동안 부화기 온도와 습도, 통풍을 맞출 수 있는 지혜를 배우게 된 것은 큰 수확이었다.

새벽 4시에 일어나 씻고 5시부터 30분가량 예배를 드린다. 이어서 1시간쯤 기도하고, 7시부터 8시까지 개와 닭의 먹이를 준다. 그리고 주변을 청소하고 풀을 뽑는 등 1시간가량 작업을 한다.

여름이라 이른 시간에도 땀이 많이 난다. 샤워하고 책상 앞에 앉는다. 하지만 금방 피로가 찾아온다. 1시간 정도 쪽잠을 잔다. 그리고 일어나 일과를 시작한다.

무슨 경미한 사건으로 즉결 심판을 받게 되었다. 내 차례가 되었지만, 미처 준비가 덜 된 듯 순연되었다. 그래서 다음 조 1번이 내 차례였다.

4명씩 1조가 되어 재판을 받았다. 법원 직원의 안내로 재판정에 들어서니 넓은 마룻바닥이 보였다. 복도에 놓인 의자에 앉아 기다렸다.

잠시 후 젊은 판사가 들어오더니 한쪽 구석에 놓인 책상 앞에 앉았다. 그리고 서류를 살펴보다가 말했다.

"이 건은 인감만 붙이면 되겠는데…"

내 인감을 말하는지 다른 사람의 인감을 말하는지 몰랐지만, 직감으로 다가오기는 내 사건이 예사롭지 않다는 느낌이었다. 아무튼 그때 법원 직원이 나를 보고 판사 앞으로 나가라고 하였다.

그런데 내 모습을 보니 가관이 아니었다. 푹푹 찌는 한여름에 두툼한 외투를 2벌이나 입고 있었다. 그래서 벗어보니 속옷이 없었다. 벗자니 알몸이요, 입자니 거북하기 짝이 없었다.

게다가 속옷과 겉옷이 붙어 하나를 벗고 하나를 입을 수도 없었다. 우물쭈물할 시간적 여유도 없었다. 부득이 그대로 판사 앞에 걸어나갔다.

내가 보아도 어색하기 그지없었다. 게다가 마룻바닥이 미끄러워 걸음걸이까지 온전치 못했다. 우스꽝스러운 내 모습에 다리까지 절룩거리는 모습을 유심히 지켜보던 판사가 서둘러 소리쳤다.

"됐어요. 됐어! 아저씨는 됐으니 그냥 돌아가세요!"

하면서 귀찮다는 듯 손짓하며 빨리 나가라고 하였다. 그때 내 생각으로는, 무엇인가 분명히 지은 죄가 있었지만, 그것이 경미할 뿐만 아니라, 내가 장애인이라는 사실을 감안하여 판사가 사건을 기각할 것으로 보였다.

"아, 주님의 은혜가 이렇게 임할 수도 있구나. 그래, 빈틈없는 돌담은 모진 바람을 견디기 어렵지. 날마다 바람을 안고 살아가는 돌담은 엉성하고 허술하게 쌓일 필요가 있었어. 그래, 우리 선조들이 쌓은 돌담의 지혜를 이제야 알 것 같아."

그때 내가 살아온 뒤안길을 살펴보니, 그야말로 되는 것도 없고 안 되는 것도 없이, 그저 그렇게 모든 일이 지지부진하기만 하였다.

하지만 그것도 알고 보니, 그 부족하고 어색한 부분까지도, 모든 일을 합력하여 선을 이루시는 하나님의 은혜가 깃들어 있었다. (2010. 7. 6)

1108. 백년의 향기

새벽예배를 마치고 말씀을 준비할 때 영감이 왔다.

'복음에서 복락까지!'

그때 올바른 식생활이 중요하다는 사실을 깨달았다. 이른바 '밥 따로 물 따로' 식사법이었다.

1. 밥은 꼭꼭 씹어 먹는다.

2. 반찬은 골고루 먹는다.

3. 국물은 먹지 않는다.

4. 식사 전 물은 피한다.

5. 간식은 사양한다.

6. 음식은 자연식으로.

7. 물은 생수로.

이는 이웃 교회 아는 집사님의 식사법이다. 100년의 향기로 다가왔다.

(2010. 7. 19)

1109. 모모의 시간

새벽예배를 드리고 내일 말씀을 준비하였다. 그리고 오늘 주일예배와 찬양예배 말씀을 살펴보았다. 그때 졸음이 쏟아져 잠시 누웠다. 지난 1주일간의 폭염과 열대야로 밤잠을 설쳤기 때문이다. 약 1시간 동안 쪽잠을 자면서 생생한 꿈을 꾸었다.

그러니까 지난해 11월 어느 비 오는 날이었다. 허름한 잠바 차림의 노동자로 보이는 사람이 비를 흠뻑 맞으며 찾아와 우리와 함께 예배를 드렸다. 이후 지금까지 8개월 동안 우리 교회에서 신앙생활을 하고 있다.

그는 기독교 가문의 집사님으로 7남매 중 유일하게 빗나간 사람이었다. 아버지가 장로요, 돌아가신 어머니가 권사요, 형이 목사요, 여동생들이 모두 권사였다. 그리고 삼촌도 목사요, 사촌도 목사다. 그가 술과 담배를 벗 삼아 세상과 짝하여 살고 있었다.

10년 전 1,500만 원을 주고 중국에서 데려온 아내가 가출하여 옆 동네에서 다른 사람과 살고 있었다. 그러자 분을 삭이지 못하고 교회 목사님을 찾아가 행패를 부리고 3개월간 교회에 나가지 않았다.

그리고 다방 아가씨에게 흠뻑 빠져 올해 농자금 300만 원까지 날려 버렸다. 남겨 놓은 볍씨도 팔고 개와 닭까지 팔아 다 써버렸다.

그러던 어느 날, 그 다방 아가씨의 언니 생일을 맞아 닭을 잡아가면서 그녀더러 언니 집으로 오라고 전화하였다. 그러자 그녀는 찍고비(다방 아가씨를 데리고 나오는 조건으로 1시간에 2만 원씩 내는 선불)를 내라고 하였다.

그는 평소 5시간에 10만 원을 주고 아가씨와 놀았으며, 어느 때는 10시간에 20만 원을 낸 적도 있었다. 정말 사랑을 파고 사는 홍등가의 단

골손님이었다.

그는 이미 가진 돈을 다 쓰고 없었다. 그래서 이번에는 언니 생일이니 그냥 오라고 하였다. 그러나 그녀는 찍고비를 송금하지 않으면 못 간다고 하였다. 결국 그는 혼자 가서 그녀의 언니를 만나 생일 선물을 주고 돌아왔다.

그의 돈이 다 떨어진 것을 눈치챈 그녀는 평소와 달리 냉담하였다. 찍고비를 줄 때는 간이라도 빼줄 듯이 하다가 돈이 떨어지자 180도로 바뀐 것이었다.

간혹 만나자고 하면 돈부터 내라고 하였다. 돈을 벌어야 해서 돈이 없으면 전화하지 말라고 하였다. 그녀는 평소 돈이 많은 여자처럼 행사하며 자신이 그의 안주인인 양 큰소리치며 다녔다. 그래서 그는 그녀를 자기 아내로 착각하였다.

하지만 돈이 떨어지자 모든 것이 뒤바뀌었다. 그녀는 점점 냉담하여 찾아가도 만나주지 않았다. 돈을 돌려달라고 하자 정당한 노동의 대가라고 받아쳤다.

혼인을 빙자한 사기 행각으로 고소한다고 하자 입에 담지 못할 욕을 퍼부었다. 순진한 그는 또 실연하여 술과 담배로 방황하였다. 물론 이제는 다 포기하고 돌아섰다.

그가 날마다 새벽예배에 나와 눈물로 회개하였다. 그런지 벌써 한 달이 넘었다. 비가 새는 지붕 보수, 물받이 공사, 교회 계단 및 마당 정비, 고추밭, 깨밭에 농약 주기, 마늘, 호박 등 첫 열매 바치기, 교회 꽃꽂이, 일하고 받은 품삯 십일조, 감사헌금 등 헌금과 봉사를 아끼지 않았다.

우리 교회의 유일한 교인이요, 집사님이요, 일꾼이다. 그동안 우리가

지극정성으로 기도하고 돌본 열매라고 생각하니 한편으로 뿌듯한 느낌
도 들었다. 그런데 그가 오늘 아침 꿈에 보였다.

그 집사님이 내 옆에서 담배를 뻑뻑 피우고 있었다. 처음에는 내가 보
건소에서 갖다 준 금연초인 줄 알았다. 그런데 그게 아니었다. 진짜 담배
궐련이었다.

"아니, 집사님! 아직도 담배를 못 끊었어요?"

그러자 그가 울먹이며 말했다.

"아무리 해도 안 되는 걸 어떡해요. 아침마다 소주도 한 사발씩 마시
고 있어요."

그러면서 자기도 어쩔 수 없다는 듯이 하소연을 하였다.

"자, 집사님! 우리 함께 기도합시다!"

하면서 그를 끌어안고 기도하기 시작했다.

"오, 주여! 이는 우리의 능력으로나 노력으로 되지 않고 주님의 영으
로만 됩니다. 집사님을 도와주세요. 생각을 바꿔주세요. 자아를 죽여주
세요."

그러자 그가 갑자기 정색을 하며 욕을 하였다.

"뭐라고? XX!"

그는 내가 그의 자아를 죽여 달라고 기도한 것을 저주한 것으로 착각
하였다. 그래서 나는 그의 욕설에 아랑곳하지 않고 더욱 분명하고 진지
하게 기도했다.

"오, 주여! 집사님의 자아를 죽여주세요. 집사님의 자아를 죽여주세
요. 그리고 다시 새사람으로 살려주세요. 지금 자신이 무슨 말을 하는지

모르고 있습니다."

"뭐라고? 이런 XX!"

하면서 더욱 사나워지기 시작하였다. 내가 말한 '자아'를 '자기 목숨'으로 생각하는 것처럼 보였다. 하지만 나는 더욱 간절하게, 그리고 진지하게 기도를 계속하였다. 그러자 그가 손가락으로 내 배를 쿡쿡 지르며 말했다.

"뭐라고? 지금 뭐라고 그랬어! 이런 XX!"

그때 옆에 있던 사람들이 한마디씩 거들었다.

"목사님의 기도하는 모습을 좀 봐. 하나님의 천사가 기도한다고 한들 저보다 더 간절하고 진지하게 할 수 있겠어?"

그러자 그가 말했다.

"그런데 왜 그래? XX!"

하면서 자리를 박차고 일어나 밖으로 나갔다. 직감으로 옆방에 있는 여종에게 가서 행패를 부릴 듯하였다. 그러고 보니 그가 술에 잔뜩 취해 있었다. 그때 그와 함께 있던 사람들도 일어나 부랴부랴 밖으로 나갔다.

그때 꿈에서 깨어나 현실로 돌아와 보니, 창문을 향해 진땀을 흘리며 쪼그리고 누워 있었다. 그동안 그렇게 지극정성으로 돌본 집사님이 그리 돌변한 모습을 보일 줄은 몰랐다. 뭔가 안 좋은 일이 있을 것만 같아 불안하였다.

요즘 영적인 세계, 곧 악령에 대한 설교를 계속하다가 보니 악귀가 농간을 부리는 듯하였다. 설교 준비가 잘되지 않아 비유만 살펴보고 기도한 후 밖으로 나왔다.

"이 더러운 악령아! 우리 주 예수 그리스도 이름으로 내가 명한다! 집 사님에게서 당장 나오라! 그리고 일곱 길로 썩 물러가라!" (2010. 7. 25. 주일)

1110. 직관의 영성

새벽예배를 드리고 말씀을 준비하였다. 이어서 주일예배와 찬양예배의 말씀을 살펴보려고 하였다. 그때 너무 피곤하여 잠시 누웠다. 깜빡 잠이 들었는가 싶었는데 깨어나 보니 1시간가량 자면서 꿈을 꾸었다.

일행을 거느리고 어디를 향해 부지런히 가고 있었다. 내가 선두에서 걸어갔다. 얼마쯤 가다가 보니 만만찮은 도랑이 있었다. 여러 사람이 다니는 평범한 길로 보기에는 너무 거칠고 힘들었다. 길을 새로 내면서 앞으로 나아갔다.

그때 사내아이 2명이 내 뒤를 따라왔다. 그들을 데리고 물살이 사나운 도랑을 건너 큰 바위로 올라갔다. 그리고 다시 내려갔더니 어느 바닷가 갯바위처럼 보이는 곳이 나타났다.

그곳도 건너야 했지만, 아이들이 스스로 건너기 힘들어 보였다. 징검다리도 없었을 뿐만 아니라 사나운 물결과 날카로운 바위가 만만치 않았다.

천생 내가 아이들을 안고 건너야 했다. 아이들을 하나씩 안아 옮겨 놓고 보니, 내 뒤에서 나머지 일행을 거느리고 따라오던 목사님이 헐레벌떡 다가와 소리쳤다.

"아이들이 하나도 보이지를 않아요!"

"뭐라고?"

"도랑을 건넌 것도 아닌데 아무리 찾아봐도 없어요!"

"그렇다면, 혹시?"

아닌 게 아니라 이미 사람들이 물속에 들어가 아이들을 찾고 있었다. 혹시나 하고 물에 떠내려가는 헌 박스를 열어보는 자매도 있었다.

오던 길로 급히 되돌아가 일행이 머물던 도랑에 도착했다. 물이 세차게 흘러내리는 작은 폭포 아래 소가 보였고 물이 소용돌이치고 있었다. 그때 나와 함께 달려간 자매가 급히 엎드려 그 물속을 들여다보았다.

"이 속에 아이들이 있는 것 같아요!"

그 말을 듣고 다짜고짜 소용돌이치는 물속으로 뛰어들었다. 그런데 내 발이 소에 닿는 순간 물이 바싹 말라버렸다. 여자아이 둘이 하나는 안쪽에 하나는 바깥쪽에 가라앉아 있었다.

그런데 숨을 쉬지 않는 것 같았다. 얼른 끌어안아 올렸다. 그리고 옆으로 눕힌 뒤 인공호흡을 시작하려고 하였다. 그때 우측에 있는 아이가 긴 숨을 몰아쉬더니 정상적으로 호흡을 시작하였다.

이어서 좌측의 아이도 긴 숨을 몰아쉬면서 호흡을 하였다. 다행히 둘 다 목숨은 건진 듯했다. 하지만 혹시라도 뇌에 이상이 생기지 않을까 걱정되었다. (2010. 7. 31)

- 이어서 『예스 8, 평화의 노래』가 계속됩니다. -

가

1078. 가파른 계단 1014. 감사헌금 1091. 같이의 가치 1075. 거룩한 힐러 1052. 거미와 모기 1038. 교회 직인 1048. 귓속 환약 1100. 그리움 그림 1098. 기다림 기림 1003. 기도와 찬양 1064. 기생물 1023. 꿈속의 찬양

나

1009. 나눔의 향기 1040. 나드! 나드! 나드!

다

1018. 단지 뚜껑 1096. 대기만성 1067. 도우미 1101. 돼지 가족 1107. 돌담의 지혜 1025. 돌부리 발부리 1087. 동전 따먹기

마

1010. 마음을 찢고 1051. 말 못 할 사정 1085. 맞춰진 창문 1022. 멘토의 사랑 1109. 모모의 시간 1030. 목장갑 1035. 미림과 혜림 1054. 믿음의 경주 1097. 믿음의 근력 1104. 믿음을 넘어

바

1066. 바람결 소리 1037. 바람 한 조각 1108. 백 년의 향기 1041. 복수불반분 1090. 부족 예산 1015. 불로, 불로, 불로

사

1029. 사람의 향기 1063. 사랑 1012. 사랑하느냐 1106. 사명자의 길 1005. 사역 시침질 1069. 산길 1043. 삼무가배 1024. 상처받은 개 1049. 새로운 만남 1032. 새로운 역사 1017. 새 출발 1081. 새 판 1027. 생각의 잡초 1021. 선택의 역설 1050. 섬김의 도구 1076. 성공의 비결 1016. 소울메이트 1028. 순한 닭 1095. 슬럼프 선물 1026. 슬픔의 동지 1020. 시간 도둑 1073. 시즌 1065. 시트콤 인생 1062. 신발(1) 1083. 십자가 길

아

1056. 안경 1000. 알찬성경 1008. 애증의 물결 1057. 앰프 1045. 얼룩진 평화 1007. 열기구 1074. 열정 에너지 1042. 영혼의 상처 1079. 영혼의 정원 1013. 영화의 도구 1089. 예수처럼 1088. 오, 주여! 1002. 옥수수 사건 1068. 욕심 1082. 위험한 우물 1070. 운전사 1004. 이사(1) 1105. 이정수와 공명석 1080. 인생 건축가 1031. 인생 교차로 1099. 인생 바느질 1047. 인생 체크기 1092. 일석삼조

자

1053. 작은 예수 1060. 점심 1084. 제삼지대 1094. 조랑말 1058. 주사 1061. 지네 1071. 지팡이 1055. 지혜의 등불 1110. 직관의 영성

차

1034. 참깨 1001. 창문 밖 소리 1039. 천의 얼굴 1077. 춘래불사춘

카

1011. 큰아들

타

1059. 타이어 1006. 태극기 1033. 터닝 포인트 1046. 통나무 짐

파

943. 파워 바둑

하

1103. 하모니 인생 1093. 학문 성취 1019. 행복 나누기 1086. 협동이발관 1072. 형광펜 1044. 황촛집 1102. 회복의 시간 1036. 희망의 씨앗

케스 1,

휴먼 드라마

제1편 **인간 이야기**

001. 뿌리 002. 할아버지 003. 할머니 004. 외조부모 005. 아버지 006. 어머니 007. 유아기 008. 아동기 009. 사고 010. 장애 011. 농아 012. 머슴 013. 별명

제2편 **모정의 세월**

014. 동생 015. 주초 016. 징조 017. 빚 018. 일터 019. 시름 020. 인 치심 021. 소금언약 022. 아기사자 023. 주의 길 024. 가훈

제3편 **숙고의 시간**

025. 길 026. 기적 027. 구제 028. 그릇 029. 하루 030. 오늘 031. 가시 032. 자식 033. 회개 034. 천벌 035. 중보기도 036. 도움

제4편 **애증의 물결**

037. 메신저   038. 이별   039. 바람   040. 눈물   041. 고독   042. 갈등
043. 상처   044. 위로   045. 비련   046. 각오   047. 세례   048. 천국

제5편 **무지개 은혜**

049. 뱀   050. 미꾸라지   051. 온천수   052. 화물차   053. 핏자국   054. 뚱보
055. 유혹   056. 교회   057. 국수   058. 미션   059. 동해안   060. 아침 햇살
061. 선물   062. 메기   063. 소   064. 개관식   065. 속삭임   066. 성금   067. 부
엉이   068. 감자   069. 믿음의 가게   070. 의사당   071. 돼지감자   072. 자매
073. 파키라   074. 무지개   075. 맹독나무   076. 마무리   077. 채소   078. 가족
079. 거북이   080. 백지   081. 원고   082. 바위산   083. 감   084. 번호표   085.
황금   086. 창문   087. 재판장   088. 친구   089. 아들   090. 인사(人士)   091. 잠
092. 상(賞)   093. 담임   094. 문패   095. 복지카드   096. 해와 달   097. 오리발
098. 포도   099. 오물   100. 자금   101. 건물   102. 산행   103. 짝   104. 버스
105. 돈   106. 종   107. 게   108. 짐   109. 머리   110. 태양   111. 빈털터리   112.
독거미   113. 주님의 손   114. 눈치   115. 용돈

메스 2.

소망의 불씨

제6편 새로운 시작

116. 여호와 117. 모진 아이 118. 상급자 119. 담근 술 120. 부자(富者) 121. 계모 122. 모자(母子) 123. 나무늘보 124. 아이 125. 흰옷 126. 여관 127. 오리 128. 충주 129. 집 130. 이름 131. 아파트 132. 불용품 133. 진짜와 가짜 134. 은혜와 진리 135. 자매와 담배 136. 십자가 피 137. 못난 짐승 138. 예배당 139. 부담 140. 물줄기 141. 귀신 142. 응원가 143. 한눈 144. 기도의 힘 145. 피난처 146. 직장 147. 가게 148. 처녀 149. 새순 150. 비둘기 151. 치유 152. 야영 153. 차(車) 154. 우편물 155. 송충이 156. 빵과 우유 157. 닭 158. 일자리 159. 미역국 160. 명단 161. 오케스트라 162. 상(床) 163. 골방 164. 샘 165. 큰 구멍

제7편 **죄인의 초대**

166. 솔로 167. 쓰레기 168. 똥구멍 169. 조묘 170. 송구영신 171. 이정표 172. 우리 집 173. 평화 174. 회복 175. 동산 176. 불안정 177. 죽음 178. 전도 179. 가재 180. 잔치국수 181. 과속 182. 동사리 183. 손 184. 악수 185. 의무병 186. 토지 187. 종자 188. 이랑 189. 거미 190. 사업 191. 이사 192. 통나무 193. 보따리 194. 마른 나무 195. 막대기 196. 두 청년 197. 구렁텅이 198. 마른 뼈 199. 안락사 200. 행복 201. 땅 202. 방해 203. 나라 204. 장교 205. 보호막 206. 초상집 207. 가시넝쿨 208. 전송 209. 매미 소리 210. 팀원 211. 기적(1) 212. 손수레 213. 회장 214. 피눈물 215. 깁스 216. 쌀밥 217. 교회당

제8편 **소망의 불씨**

218. 찬양 219. 전리품 220. 대통령 221. 무대 222. 녹음 223. 불씨 224. 모포 225. 헬기 226. 열차 227. 변소 228. 비서 229. 응답 230. 저주 231. 성경 교사 232. 기도의 어머니 233. 용기 234. 부통령 235. 노란 나무 236. 청소 237. 정의 238. 사탄 239. 땅과 떡 240. 폐인 241. 감사(監査) 242. 상처투성이 243. 가시(1) 244. 하수구 245. 풋고추 246. 난맥상 247. 고스톱 248. 행운권 249. 지붕 250. 아들(1) 251. 승자 252. 정액 수표 253. 시합 254. 난쟁이 255. 개미 256. 진돗개 257. 성경책 258. 다리 259. 도망자 260. 트랙터 261. 장미꽃 262. 생식기 263. 일기 264. 죄 265. 돌산 266. 냉담 267. 곡조

제9편 **쇠잔한 영혼**

268. 학점 269. 강등 270. 짐승 271. 장의사 272. 통근 버스 273. 물고기 274. 불덩이 275. 행정관 276. 세일즈맨 277. 모금 278. 앞선 여자 279. 정보회사 280. 보리밭 281. 넝쿨 282. 연회 283. 송아지 284. 낚시 285. 새 직장 286. 정읍 야산 287. 토목 공사 288. 넓은 길 289. 집사 290. 여행 291. 승진 292. 땅장사 293. 아우라 294. 자유 295. 평화(1) 296. 속임수 297. 쿠폰 298. 군용트럭 299. 상가 지하 교회 300. 임차 교회 301. 무기력 302. 술

제10편 **절망을 딛고**

303. 무능력 304. 오염 305. 친구(1) 306. 비정 307. 계산서 308. 묘지 309. 본가 310. 화 311. 산 312. 예배 313. 답사 314. 뱀 요리 315. 관문 316. 족제비 317. 규칙 318. 노바의 집 319. 상가 320. 무덤 321. 누룽지

예스 3,

밀알의 소명

제11편 **끝없는 시련**

322. 피로 323. 좋은 길 324. 남쪽 길 325. 돌산 길 326. 결산서 327. 무지
328. 눗바다 329. 고택 330. 병자 331. 고구마 332. 노예 333. 피부병 334.
자아 335. 섬 336. 낙원 337. 새끼줄 338. 큰 성공 339. 구멍 340. 낙타
341. 수표 342. 사진 343. 사무실 344. 놀이 345. 음녀 346. 결산 347. 시
근소 348. 신발 349. 기도의 말 350. 임야 351. 신랑 352. 사회 353. 자리
354. 일거리

제12편 **길은 어디에**

355. 황야 356. 옥돌 357. 약 358. 길(1) 359. 개구리 360. 달리기 361. 선
풍기 362. 열쇠 363. 아가원 364. 개미지옥 365. 응시원서 366. 훼방꾼
367. 일 368. 인생 369. 부인(否認) 370. 무시 371. 화재 372. 험산 373. 연
민 374. 짐(1) 375. 고집 376. 안정 377. 고스톱(1) 378. 진통제 379. 상갓집
380. 직무 381. 성곽 382. 황수인 383. 노란 싹 384. 정호실 385. 불알친
구 386. 나무와 풀 387. 출구 388. 멍에 389. 문젯거리 390. 꿈은 여기에
391. 밀알

제13편 도피성 예수

392. 새해   393. 불빛   394. 울타리   395. 화해   396. 물기   397. 통근차   398. 비행기 나라   399. 열린 예배   400. 논쟁   401. 조언   402. 새벽   403. 심방   404. 방아깨비   405. 잔돈   406. 참모총장   407. 서원   408. 그리스도   409. 의자   410. 설거지   411. 티켓   412. 태풍   413. 몸살감기   414. 용기의 병   415. 용한 돌   416. 천만다행   417. 망종 죄인   418. 오소리   419. 지천명   420. 삼불 삭제   421. 잔반   422. 빛의 노예   423. 특별한 목적   424. 복조리와 소쿠리   425. 회충   426. 기와집   427. 선입관   428. 기도와 응답   429. 구원 버스   430. 인도자

제14편 밀알의 소명

431. 삼중 수술   432. 회계   433. 죽을 길   434. 난제   435. 우울증   436. 부활절   437. 큰아버지   438. 고목   439. 현자 방식   440. 최상 섭리   441. 바른 방식   442. 소명   443. 큰소리   444. 울음   445. 편입학   446. 자전거   447. 자격시험   448. 계약   449. 때   450. 포기   451. 똥구덩이   452. 허탄한 믿음   453. 신용카드   454. 신경성 골절   455. 종점

제15편 눈물의 기도

456. 풍력계 457. 새 물길 458. 철가면 459. 벼 460. 주의 사자 461. 연체 동물 462. 빚짐 463. 과제물 464. 표지판 465. 마지막 승차 466. 복 467. 정원 468. 감사(感謝) 469. 도라지꽃 470. 유골 471. 준비 472. 과제 473. 차(1) 474. 알람 475. 권력자 476. 친구(2) 477. 주홍 글씨 478. 새 물 479. 주제 발표 480. 오리 새끼 481. 전도사 482. 축복 483. 연기 기둥 484. 방해공작 485. 그리스도인 486. 둥근 달 487. 환승 488. 언약 489. 개밥 490. 개인회생 491. 선한 목자 492. 경비원 493. 조명 494. 황금 구원 495. 희망의 나래 496. 산장 497. 윷놀이 498. 스킨십 499. 거스름돈 500. 회개 공부 501. 승리의 노래

제16편 **흙탕물 정화**

502. 해맑은 마음 503. 새로운 40일 504. 주님의 평화 505. 십의 삼조 506. 불길 507. 감독 508. 분노 509. 깨달음 510. 성전 511. 관광길 512. 동역자 513. 동녀 514. 대머리 515. 새댁 516. 붉은 기운 517. 가증 518. 작정헌금 519. 삼중고 520. 분리된 구슬 521. 네가 누구냐 5 22. 상담 공부 523. 교단 524. 새벽예배 525. 천사표 526. 흰 종이 527. 온천욕 528. 주의 계획 529. 메시지 530. 장기 수술 531. 큰 뱀 532. 청구서 533. 임도 534. 지혜로운 사람 535. 청소(1) 536. 정산

제17편 **희망의 나래**

537. 성령 충만 538. 교회 정비 539. 잔치 540. 지우개 541. 가오리 542. 그루터기 543. 예수 이야기 544. 바다 생물 545. 준수한 사람 546. 장애물 547. 물고기(1) 548. 코끼리 신부 549. 복음의 찌개 550. 삼위일체 551. 윤택한 기운 552. 증거 553. 녹색 나물 554. 소금 나라 555. 낮은 포복 556. 전도자 557. 축구 주심 558. 교회 설립 559. 예수전 560. 토끼와 고양이 561. 옹벽 난간 562. 겉옷과 속옷 563. 교회와 자매 564. 작은 생명체 565. 인생 드라마 566. 위대한 인생

제18편 **바람의 언덕**

567. 새해 감사   568. 승부의 세계   569. 불가사리와 뱀   570. 찬양 표지판   571. 초콜릿 케이크   572. 신선한 사랑   573. 코끼리   574. 구두와 운동화   575. 달력의 글씨   576. 에벤에셀 하나님   577. 공동체 이름   578. 동행 동역   579. 봉고차 전도   580. 가족 전도   581. 새 마음 운동   582. 바람의 언덕   583. 준비기도   584. 사역 준비   585. 하나님의 꿈   586. 영원한 빛   587. 벧세메스 소   588. 벧세메스 사명   589. 서류철 보관   590. 책상 배치   591. 책과 저울   592. 석상의 요동   593. 사형 선고   594. 일병일어   595. 금식기도   596. 감사와 보람   597. 축제의 장   598. 아말렉 족속   599. 거짓말쟁이   600. 복주기 전집   601. 400m 계주   602. 3% 성공   603. 골방 빨래   604. 심신 피곤   605. 인수 분해   606. 공생애 시작

제19편 **시련의 축제**

607. 첫 번째 주일   608. 고양이 눈   609. 생각하는 사람   610. 나 홀로 예배   611. 본당 예배   612. 경제적 후견인   613. 오토바이 사고   614. 피장파장   615. 우물가 괴물   616. 몽당연필   617. 칭찬과 격려   618. 비명소리   619. 망하는 축복   620. 감사 메일   621. 감사기도   622. 손수레 짐   623. 고난의 징조   624. 하늘 정원   625. 용기 뚜껑   626. 8월의 함   627. 따뜻한 봄 길   628. 길거리 전도   629. 성찬식 거행   630. 지옥의 못   631. 아들의 병치레   632. 교역자 몽니   633. 작은 새   634. 하나님의 백   635. 밥상 공동체   636. 3차

노방전도 637. 중심 발전기 638. 농아인 자매 639. 먹는 금식 640. 뒤틀린 축제 641. 창립예배 642. 억지 예배 643. 빗나간 열정 644. 격려 메일 645. 영원한 약속 646. 11명 예배 647. 어버이날 648. 철야기도 649. 강단 기도 650. 패닉 상태 651. 갈수록 태산 652. 내리사랑 653. 새벽기도 654. 찻집 전도 655. 주의 도구 656. 할아버지 부축 657. 벌거숭이 658. 부목사 659. 젊은 부부 660. 수레바퀴

제20편 **사랑과 용서**

661. 오직 主 예수 662. 가족 예배 663. 찢어진 이불 664. 첨단 마우스 665. 생토볼 666. 바벨탑 사건 667. 큰 촛불 668. 천국 칠언 669. 검은 돌 670. 3대 비전 671. 소심한 갈등 672. 작은 배 673. 여사무원 674. 소중한 도구 675. 앙코르 676. 콘크리트 구멍 677. 믿음의 용사 678. 강단 애곡 679. 상주 680. 기다림 681. 3가지 환상 682. 노인 복지 683. 어찌해야 684. 책을 먹어라 685. 새 교회 686. 거인 687. 몹쓸 병 688. 나그네 689. 부드러운 가시 690. 산초 가시 691. 여호와의 산 692. 흰옷 입은 분 693. 설교 원고 694. 불쌍한 아이 695. 목적 기도 696. 방해 세력 697. 불길한 예감 698. 갈급한 심령 699. 붉은 물 700. 죄 짐 보따리 701. 애기 토마토 702. 속옷 703. 문 지킴이 704. 예수의 보혈 705. 십자가 구원 706. 인삼과 무 707. 교육 목회 708. 열대야 709. 고기잡이 710. 광명한 빛 711. 평가 결과 712. 부부싸움 713. 축사기도 714. 천국의 꽃 715. 주님의 뜻 716. 이상한 징조 717. 사면초가 718. 주님의 저울 719. 사랑의 심판 720. 회개기도 721. 용서의 미학

예스 5,

광야의 단비

제21편 갈급한 심령

722. 황금 들판 723. 묵은 밭 724. 소라 725. 위로(1) 726. 예수원 727. 성경 가방 728. 연한 풀 729. 의자(1) 730. 자투리땅 731. 차(2) 732. 목적지 733. 한(恨) 734. 가금류 735. 지도자 736. 가운 737. 빵 738. 시유지 739. 밤 740. 곱살 741. 원수 742. 군고구마 743. 세탁물 744. 청운의 꿈 745. 폭풍우 746. 손(1) 747. 계약(1) 748. 종(鐘) 749. 승부수 750. 계시

제22편 요한의 노래

751. 역사(役事) 752. 로고 753. 쌀밥과 쌀떡 754. 연체 755. 복 줄 나무 756. 기운 757. 개나리 758. 뿔 759. 통장 760. 새 살 761. 해고 762. 정의 도래 763. 설교자 764. 잠바 765. 수문 766. 웅대한 봉 767. 재테크 768. 혼란 769. 광야의 싹 770. 찬송가 연주 771. 성탄절 772. 출입사무소 773. 검정고무신 774. 요한의 노래 775. 성령의 단비

제23편 **반석을 위해**

776. 새 나라 777. 위기와 기회 778. 교단과 직분 779. 황소 780. 종이학 781. 건축공사 782. 백의천사 783. 전산입력 784. 캥거루 아가씨 785. 개명 786. 의지와 오만 787. 주님의 마음 788. 복음 전파 789. 세 얼굴 790. 스토커 791. 순례자 792. 불안과 초조 793. 우주 30 794. 자매의 서류 795. 옛날 생활 796. 출판사 797. 돈벌레 798. 하늘의 보물 799. 주님의 일꾼 800. 주의 이름 801. 형제의 기도 802. 깊은 발자국 803. 반석을 위해 804. 엄청난 시련

제24편 **맘몬의 노예**

805. 하나의 목표 806. 시험하는 자 807. 아버지의 기도 808. 기막힌 연기 809. 천상의 음악 810. 생각의 함정 811. 선조의 무덤 812. 안성맞춤 813. 엘리베이터 814. 외침과 해방 815. 오직 믿음 816. 기도대장 817. 흉측한 아이 818. 병든 돈 819. 하나님의 나라 820. 항상 섭리 821. 마귀의 덫 822. 입구와 출구 823. 맘몬의 노예 824. 거듭난 새것 825. 맘몬의 우상 826. 쓰디쓴 잔 827. 불행의 근원

제25편 광야의 단비

828. 그래프 829. 선인장 꽃 830. 산모의 산고 831. 안개 은혜 832. 산뜻한 날씨 833. 머플러 834. 하늘만 우러러 835. 삶과 죽음 836. 마지막 펀치 837. 고난의 잔 838. 용기가 필요해 839. 성화 도래 840. 광야의 단비 841. 블랙홀 842. 까치의 소식 843. 최고 경영자 844. 내기 골프 845. 빈 잔의 생수 846. 고독한 믿음 847. 규율반장 848. 승리의 빛 849. 눈물의 씨앗 850. 자승자박 851. 무심한 세월 852. 직분과 신분 853. 양보의 영성 854. 세상 속으로 855. 보험사 이벤트 856. 세상의 법 857. 미련한 신자 858. 조촐한 다과회

광야의 단비

제26편 **반잔의 생수**

859. 위로와 질책 860. 선결 과제 861. 리얼 케어 862. 안전한 평화 863. 가스 설비 864. 임시 구조물 865. 여종의 객기 866. 고향 집 867. 함석집 868. 조 밭 869. 물까마귀 870. 작은 불씨 871. 빈집 872. 사랑에 속고 873. 생활 습관 874. 흔적 875. 울진 876. 농부 877. 첫 손님 878. 힘든 시간 879. 조은 소식 880. 경운기 사고

제27편 **연민의 강물**   / 043

881. 가건물 882. 배설물 883. 작은 집 884. 상처 딱지 885. 복직 886. 비석 887. 빈 잔의 소명 888. 고향 방문 889. 용서의 묘약 890. 큰 바위 891. 추수 892. 장기 우환 893. 정금 임무 894. 진급 895. 밝은 본보기 896. 참 마무리 897. 사랑의 복음 898. 동굴 속에서 899. 오두막 교회 900. 자갈밭 901. 엑스트라 902. 거룩한 머리 903. 작은 땅 904. 어려움 제로 905. 최선의 기력 906. 점진적 열정

제28편 **지혜의 향기**

907. 아버지와 아들 908. 감사 샘물 909. 신명기 910. 이물질 911. 하나의 옥상 912. 정보 창구 913. 레비아탄 914. 맑은 물 915. 신유 916. 작은 조각 917. 탈레반 918. 비통한 일 919. 가정불화 920. 옥수수 921. 감자(1) 922. 이익 도래 923. 괜찮아 924. 돌산과 초원 925. 큰 숲 맑은 샘 926. 의와 진리 927. 웃음꽃 928. 기량과 피치 929. 주님의 사랑 930. 인지 장애 931. 넷째 지위 932. 귀신들의 시기 933. 아들과 아비 934. 여운의 울림 935. 잿빛의 시간 936. 새순의 둑

제29편 **은혜 나누기**

937. 학점 은행제 938. 맘몬의 영 939. 간이 휴게소 940. 초원의 집 941. 옥토 밭 942. 세월의 바람 943. 파워 바둑 944. 형통 도래 945. 조리 슬리퍼 946. 수어지교 947. 선택의 기로 948. 돌아온 빛 949. 산마을 950. 순례의 길 951. 반액 스티커 952. 실파 953. 직불 카드 954. 자라 955. 먼저 공경 956. 전갈 957. 항아리 958. 쇳조각 959. 책값 960. 아디아포라 961. 양주 962. 채소밭 963. 전략가 964. 한판 전쟁 965. 약국 966. 좋은 동행자 967. 까치집

제30편 비움의 영성

968. 영감의 원천 969. 행운의 여인 970. 고독한 시간 971. 신천옹 972. 고사 973. 코람데오 신앙 974. 영혼의 소리 975. 무료한 시간 976. 맨발의 청춘 977. 하리정 978. 죽은피 979. 장림산 980. 맞지 않아요! 981. 상전벽해 982. 마음속 지옥 983. 씻음의 영성 984. 어린 꿀벌 985. 어린 아들 986. 바른 규 정 987. 노화 현상 988. 붉은 죽 989. 신정현 990. 시간의 역사 991. 작은 발 걸음 992. 마음의 풍랑 993. 한 줌의 바람 994. 천국의 계단 995. 기도의 영 성 996. 어부사 997. 신비한 복원 998. 마음의 소리 999. 비움의 지혜